HENRIK IBSEN
UM INIMIGO DO POVO

ADAPTAÇÃO
JÚLIO EMÍLIO BRAZ

Principis

Esta e uma publicacao Principis, selo exclusivo da Ciranda Cultural
© 2021 Ciranda Cultural Editora e Distribuidora Ltda.

Título original
An Enemy of the People

Texto
Henrik Ibsen

Adaptação
Júlio Emílio Braz

Revisão
Agnaldo Alves

Produção editorial e projeto gráfico
Ciranda Cultural

Imagens
Uncle Leo/Shutterstock.com;
Martial Red/Shutterstock.com

Dados Internacionais de Catalogação na Publicação (CIP) de acordo com ISBD

I14i	Ibsen, Henrik
	    Um inimigo do povo / Henrik Ibsen ; adaptado por Júlio Emílio Braz. - Jandira, SP : Principis, 2021.
	    112 p. ; 15,5cm x 22,6cm. - (Literatura Clássica Mundial)
	
	    Adaptação de: An Enemy of the People
	    Inclui índice.
	    ISBN: 978-65-5552-199-3
	
	    1. Literatura norueguesa. 2. Teatro. I. Braz, Júlio Emílio. II. Título. III. Série.

2020-2568	CDD 839.82 CDU 821.111(481)

Elaborado por Vagner Rodolfo da Silva - CRB-8/9410

Índice para catálogo sistemático:
1. Literatura norueguesa 839.82
2. Literatura norueguesa 821.111(481)

1ª edição em 2021
www.cirandacultural.com.br
Todos os direitos reservados.
Nenhuma parte desta publicação pode ser reproduzida, arquivada em sistema de busca ou transmitida por qualquer meio, seja ele eletrônico, fotocópia, gravação ou outros, sem prévia autorização do detentor dos direitos, e não pode circular encadernada ou encapada de maneira distinta daquela em que foi publicada, ou sem que as mesmas condições sejam impostas aos compradores subsequentes.

SUMÁRIO

Parte um – A Descoberta 9
Capítulo 1 11
Capítulo 2 21
Capítulo 3 24

Parte dois – Inquietações 31
Capítulo 1 32
Capítulo 2 42
Capítulo 3 44

Parte três – Circunstâncias, importâncias e interesses 55
Capítulo 1 56
Capítulo 2 61
Capítulo 3 68
Capítulo 4 72

Parte quatro – A Grande Reunião 77
Capítulo 1 78

Parte cinco – Convicções.. 91
Capítulo 1 92
Capítulo 2 104

Ouçam com atenção o que lhes vou dizer:
o homem mais poderoso que há no mundo é
o que está mais só.

Dr. Stockmann em *Um inimigo do povo*, de Henrik Ibsen

Não sei por onde começar. Não sei como isso aconteceu, mas realmente aconteceu.

Soa estranho ouvir minha própria voz dizendo tais palavras, pois parece que não sou eu que as diz, não fui eu que fiz o que dizem que fiz.

Se lembro de algo?

Muito pouco.

São fragmentos de coisa nenhuma, imagens de outras vidas...

Por quê?

Não sei bem.

Tempo é coisa estranha, deserto que povoamos com toda sorte de miragens. Irreal. Parece que tudo o que testemunhei, participei e, por que não dizer, fui vítima, simplesmente não aconteceu, não passou de um sonho terrível, bem ruim.

Bobagem.

Foi tudo bem real. Desagradavelmente real. Constrangedoramente inesquecível.

Se foi tão ruim, por que lembrar?

A pergunta é simples e a resposta mais simples ainda: para que o mesmo não volte a acontecer, para que todos se lembrem, para que a verdade, essa coisa tão preciosa, tão procurada, mas ao mesmo tempo tão incompreendida, tão pouco aceita e logicamente tão temida, não seja ignorada, escondida dos olhos inocentes, suas primeiras vítimas quando ela é substituída ou trocada pela acomodação ou pelo interesse de poucos.

Por isso que, por mais que doa e magoe, é preciso lembrar.

Doutor Thomas Stockmann

PARTE UM

A DESCOBERTA

CAPÍTULO 1

Catarina sorriu mais uma vez, constrangida, os olhos passeando pelas cadeiras vazias e pelos talheres espalhados ao longo da mesa, até alcançarem os de Billing sentado à sua direita, um guardanapo pendurado no pescoço.

– Sinto muito, senhor Billing – disse –, mas quando chegamos atrasados não tem outro jeito: só encontramos comida fria.

O editor, dedos e lábios lambuzados de gordura, estreitou os pequenos olhos verdes e, sorrindo, replicou despreocupadamente:

– Bobagem, senhora Stockmann! Bobagem realmente!...

– Mas...

– Tudo está ótimo, excelente, acredite...

– O senhor compreende, não? Thomas é tão pontual que... que...

O sorriso do pequeno editor do único jornal da cidade alargou-se um pouco mais enquanto se inclinava na direção de Catarina. Como se fosse lhe confidenciar algo extremamente importante, sussurrou:

– Na verdade, minha senhora, até prefiro que tenha sido assim...

– Prefere? – espantou-se Catarina, os olhos arregalados e fixos no homenzinho.

– Como não? Adoro comer sozinho, sem ninguém para me incomodar durante a refeição.

Não inteiramente convencida, Catarina ainda fez um breve comentário, que abandonou pela metade ao ouvir vozes do outro lado da porta às suas costas.

– Deve ser Hovstad... – palpitou Billing, depois de outra garfada.

– É provável... – as sobrancelhas de Catarina arquearam-se e quase se fundiram numa só no instante em que a porta se abriu e Peter Stockmann entrou, ela esforçando-se para disfarçar seu constrangimento diante da simples visão do recém-chegado.

– Boa noite, cunhada – a contrariedade não era menor no olhar de Peter Stockmann, mas ele esforçou-se para não olhar para Billing, gestos nervosos, inquietos, mesmo quando, passos medidos, foi se achegando a Catarina e dizendo: – Eu estava passando por aqui e então... – no entanto, o incômodo era evidente e transportou-se rápida mas perceptivelmente para suas palavras quando disse: – Mas vejo que vocês têm visitas.

A tensão era visível, palpável realmente, e Catarina pôde percebê-la no breve mas obstinado silêncio que se seguiu, atravessado de parte a parte apenas por aqueles olhares mais e mais hostis.

Não era segredo para ninguém na cidade, a começar por ela e por seu marido, que aqueles dois se odiavam, Peter Stockmann por ser o prefeito, a encarnação do grupo político que havia anos controlava o governo municipal, e Billing, editor do jornal local, por representar a mais vigorosa, encarniçada e renitente oposição que ambicionava despojar Stockmann e seus correligionários do mesmo governo municipal.

O que fazer?

Nem o prefeito, irmão de seu marido, e muito menos o editor, um de seus mais íntimos convivas, davam a impressão de estar dispostos a partilhar o espaço da sala vazia e a se suportar por um segundo sequer.

– Você não quer se sentar e tomar alguma coisa, Peter? – perguntou, apaziguadora, agarrando-se ao encosto de uma cadeira à esquerda do editor e oferecendo-a para o prefeito. – Thomas...

A reação de Peter Stockmann foi enfática e realçada pelo olhar dardejante e belicoso que dirigiu a Billing ao dizer:

– Eu não! Francamente, eu realmente não tenho estômago para isso.

Billing sorriu, divertindo-se imensamente com a irritação que a sua presença produzia no prefeito. Continuou comendo, mastigando bem vagarosamente cada nova garfada que levava à boca enquanto o mantinha sob um olhar dos mais provocadores.

– Atualmente estou me limitando a meu chá e às minhas torradas. A longo prazo é mais sadio... e mais econômico! – apontando para uma das duas portas atrás do editor, o prefeito perguntou: – Ele saiu?

– Saiu – respondeu Catarina. – Ele resolveu dar uma voltinha com as crianças, depois do jantar.

Ao ouvir baterem na porta, o prefeito disse:

– Deve ser Thomas.

– Não acredito. Ele não bateria... – os olhos de Catarina voltaram-se para a porta que se abria para o vestíbulo. Ela sorriu ao ver um homem muito alto e magro, de longas suíças grisalhas, entrar, identificando-o:

– É o senhor Hovstad.

Boa noite, senhor prefeito!

Peter Stockmann cumprimentou-o com frieza e com certa malícia, os olhos indo de Billing para Hovstad, observou:

– Ao que parece meu irmão está se dando muito bem como colaborador da *Voz do Povo*.

Hovstad arreganhou um grande sorriso e concordou:

– Nem tenha dúvidas, senhor prefeito. Sempre que precisa dizer umas verdades, ele escreve no nosso jornal, o que muito nos honra, se o senhor quer saber...

– É claro, é claro, e de modo algum eu o censuro por dirigir-se a um público que parece estar sempre interessado e atento ao que diz. A bem da verdade, numa cidade onde reina um tão belo e completo espírito de tolerância como a nossa, ninguém poderia ter queixas de um jornal como o que os senhores tão combativa mas honestamente administram, principalmente em se sabendo que um interesse comum bem maior nos une...

Via-se com extrema facilidade a desconfiança no olhar trocado por Billing e Hovstad, antes de Hovstad dizer:

– Certamente se refere à Estação Balneária, ou estou enganado?

– Exatamente, meu bom amigo. O balneário é algo indubitavelmente benéfico para todos nós e não tenho a menor dúvida de que será uma grande fonte de riqueza para nossa cidade...

– Thomas também acha – ajuntou Catarina, esfregando de modo repetitivo e apreensivo as mãos uma na outra.

– É fato que não admite contestação. Todos são testemunha do extraordinário desenvolvimento experimentado por nossa cidade nos últimos dois anos. A euforia está por todos os lados. A valorização de casas e terrenos acontece dia após dia...

– E os desempregados diminuem... – concordou Hovstad.

– Até o senhor percebe isso, não? É o progresso, e ele sempre é benéfico a todos. Até mesmo os impostos pesarão menos no bolso e diminuirão ainda mais se tivermos um bom verão e, com ele, muitos veranistas. Ah, chego a poder vê-los... um belo contingente de doentes que, felizes e satisfeitos, espalharão a fama do nosso estabelecimento para onde quer que...

– Pelo que se diz pela cidade, é o que todo mundo anda esperando.

– Os últimos dias não poderiam ser mais animadores. Não passa um deles sem que recebamos pedidos de reservas e informações...

– Nesse caso, estou certo de que o artigo do doutor não poderia ser mais oportuno...

– Ah, então ele realmente voltou a escrever? – vibrou uma pequena porém perceptível inquietação no tom de voz de Peter Stockmann.

– Foi neste inverno. É um artigo no qual ele recomenda nossas águas e destaca as excelentes condições higiênicas de nosso balneário. Mas não publicamos porque...

– Decerto que não havia nada inconveniente?
– De maneira alguma, senhor prefeito.
– Então...
– Eu achei melhor esperarmos a primavera, pois é somente agora que as pessoas começam a se preparar para o veraneio.
– É verdade, senhor Hovstad.

Catarina notara a perturbação no olhar, mas principalmente na tensão que forçava o prefeito a repuxar e morder a ponta dos lábios, no jeito como tinha o cenho carregado, a testa tomada por rugas cada vez mais profundas. Tentou tranquilizá-lo, insistindo:

– Quando se trata do balneário, Thomas é incansável.
– Na verdade, é a ele que devemos a sua criação.

O comentário de Hovstad pareceu aborrecer o prefeito, que expôs com cautela:

– Muita gente diz isso. No entanto, acredito que, mesmo modestamente, também dei a minha contribuição para a criação do balneário.
– E em nenhum momento Thomas deixou de reconhecer tal fato, Peter – assegurou Catarina.
– Ora essa, senhor prefeito, ninguém nega isso – concordou Hovstad, apaziguador. – Todos temos consciência de que foi o senhor que se empenhou para que esse empreendimento fosse para frente. O que quis dizer é que a ideia partiu do doutor...
– O bom e velho Thomas... Jamais lhe faltaram ideias! E como ele as tem! No entanto, quando se trata de dar-lhes vida, senhor Hovstad, é melhor procurar outra pessoa. Aliás, eu pensava que pelo menos nessa casa as pessoas já soubessem disso...
– Mas o que é isso, senhor prefeito?

Peter Stockmann aparentava estar genuinamente magoado naquele instante, e de si para si Catarina maldizia o marido por não estar presente. Thomas conhecia os modos e peculiaridades, a maneira certa de tranquilizar o coração titubeante do irmão, sempre incomodado pelas inevitáveis comparações feitas entre um e outro pela gente da cidade ou por quem quer que os conhecesse, que inevitavelmente eram desfavoráveis a Peter.

Esforçou-se para conduzir a conversa para outra direção e distribuiu sorrisos de um lado a outro, multiplicando-se em olhares suplicantes para Billing e Hovstad, para a porta que conduzia ao vestíbulo e continuava obstinadamente fechada.

Onde estaria o marido?

A pergunta não saía de sua cabeça enquanto outra emergia de sua boca, aboletada num largo sorriso, ao se virar para Hovstad e praticamente implorar:

– Por favor, sente-se e tome alguma coisa...

Ao mesmo tempo que agarrava Peter pelo braço e tentava acalmá-lo:

– Vamos, cunhado, deixe de bobagens! Será que não consegue dividir essa honra com Thomas? Afinal de contas, vocês são irmãos e se amam tanto...

– Mas é claro que... – Peter Stockmann calou-se ao ver a porta se abrir e o irmão entrar seguido de um sujeito corpulento de vasta barba vermelha que reconheceu imediatamente como o Capitão Horster, um dos mais conhecidos e respeitados comandantes de navio da cidade.

Thomas era um homem de gestos amplos e ar amistoso, jovial. Os olhos de um azul intenso infundiam confiança e calorosa receptividade, os cabelos inesperadamente brancos para um homem que mal chegara aos quarenta anos.

Ele sorria ao vencer os poucos metros que separavam o vestíbulo da ampla sala de jantar, dizendo:

– Olha, Catarina, aqui temos mais um convidado. Você acredita? Eu o encontrei na rua e tive que convencê-lo a subir...

Dois meninos louros vinham logo atrás de ambos, Eilif, o filho mais velho, empurrando Morten, o mais novo, os dois se digladiando pelo privilégio de ficar mais próximo do pai.

– Venha, capitão! Prove o assado com os meninos...

Morten gritava que estava morrendo de fome, enquanto Catarina, notando que o marido ainda não tinha visto o irmão e os dois editores, sorriu, sem graça, e informou:

– Nós temos visita, Thomas...

Os olhos de Thomas encontraram-se com os de Peter.

– Que bom lhe ver, meu irmão – disse, aproximando-se e estendendo-lhe a mão.

Peter fez um muxoxo de contrariedade e, cumprimentando-o, resmungou:

– Infelizmente eu já estou de saída...

– De maneira alguma! Daqui a pouco servirei uma bebidinha...

– Era só o que faltava...

– Bobagem, meu irmão! Venha, vamos nos divertir um pouco...

– Não, obrigado. Não sou chegado a festas...

– Festas? Onde você está vendo uma festa, Peter? Isso é...

Os olhos do prefeito passearam rapidamente pela mesa, antes de mais uma vez se cruzarem com os do irmão, perpassados de censura e uma perceptível irritação.

– Francamente, não sei onde vocês conseguem enfiar tanta comida...

Thomas sorriu, observando os filhos lançarem-se sobre a mesa, espetando algumas generosas fatias do assado e colocando-as em seus pratos já transbordantes de comida.

– Um jovem precisa de muita comida, meu irmão – disse.

– Que despropósito!...

– De outra maneira, como teriam forças para enfrentar todos os muitos desafios que lhes reserva o futuro e construir qualquer coisa nova?

– E que desafios seriam esses?

– Pergunte a eles – o médico apontou para Morten e Eilif –, e quando o momento chegar, acredite, eles lhe dirão. Sabe por quê? Só eles sabem. Quanto a nós, dois velhos antiquados e cheios de medos...

– Você tem cada uma, Thomas!

– Ah, me desculpe, Peter... – disse Thomas Stockmann, conciliador. – Mas as coisas estão acontecendo tão depressa nos dias de hoje... Vivemos realmente tempos prodigiosos. De uma hora para outra e o mundo se transforma bem diante de nossos olhos sem que tenhamos tempo de perceber como isso acontece.

– Acredita mesmo nisso?

– Compreendo que não possa ver as coisas como eu vejo. Passou a vida praticamente inteira sem arredar pé daqui, e isso acaba por nos tornar insensíveis e até hostis a qualquer mudança. Vemos qualquer novidade, por mais insignificante que seja, como uma ameaça. Mas eu, que já vivi durante muito tempo perto do Polo Norte, distante do contato caloroso com outras pessoas até por meses, vejo tudo com outros olhos. A própria cidade em que vivemos, para mim, é uma grande cidade, cheia de movimento, ação, mas, acima de tudo, possibilidades.

– Aqui? Uma grande cidade?

– Ainda não é e talvez jamais venha a ser. No entanto, aqui existe vida, e onde há vida, há sempre um futuro pelo qual vale a pena trabalhar e lutar. Não é isso que importa?

– Não sei, não...

Thomas divertia-se com a fisionomia carregada e principalmente com o ceticismo das palavras do irmão. Ainda pretendia dizer mais alguma coisa, mas de repente, como se lembrasse de algo muito importante, virou-se para a esposa e perguntou:

– O carteiro ainda não veio?

– Não, ainda não – respondeu Catarina distraidamente, enquanto censurava os filhos pela voracidade com que se entregavam à comida, e se preocupava com a crescente diferença de opinião entre o prefeito e o médico, o primeiro censurando o segundo por causa de seus gastos que considerava exagerados.

– Nem eu e muito menos minha Catarina, que você mesmo já disse ser uma mulher de grande bom senso nos tratos domésticos, fazemos despesas inúteis – argumentou Thomas. – Por outro lado, gostamos de receber visitas, e para mim tais encontros se revestem de uma importância indescritível, quase orgânica. Depois de tantos anos longe do convívio dos homens, cercar-me de gente de espírito livre, corajosa e empreendedora, como os que estão comendo nesta mesa hoje, é uma necessidade vital para mim. Gosto de ter por perto gente como o nosso amigo Hovstad...

Os olhos de Peter Stockmann estreitaram-se astuciosamente, uma centelha de irremovível desconfiança vencendo bem depressa a distância entre o irmão e o editor da *Voz do Povo* muitas vezes, como se suspeitasse que os dois estivessem envolvidos em qualquer atividade, pelo menos para ele, reprovável.

– Ah, o senhor Hovstad... – disse. – Ele andou me falando acerca de um artigo seu que pretende publicar...

– Meu artigo?

– Como não? Parece que fala sobre o nosso balneário.

– É verdade – concordou Thomas. – Sabe que eu já havia me esquecido completamente dele.

– Não vai mais publicá-lo?

– Não por enquanto...

– Como não? Não encontro momento mais oportuno para...

– É verdade...

– Então qual o problema?

Thomas e Catarina se entreolharam, e a apreensão nos olhos de sua cunhada deixou o prefeito ainda mais desconfiado, seus olhares se dividindo de modo repetido e ansioso de um para o outro, aqui e ali fixando-se em Hovstad, que, no entanto, se entrincheirara num sólido e misterioso silêncio.

– Pode ser apenas um excesso de zelo de minha parte – admitiu o médico.

– Realmente, toda essa história está muito misteriosa e, quer saber, não estou gostando nem um pouco. Afinal de contas, o que está acontecendo? Tem alguma coisa que eu deveria saber? Como presidente da Estação, julgo ter todo o direito de...

– Parece que... Ah, Peter, não vamos começar uma nova discussão por algo que muito provavelmente não passe de simples fantasia de minha parte, vamos?

– Deus me livre! Você sabe melhor do que eu que abomino brigas e discussões. No entanto...

– Então...

– ... mas gosto de ver todos os problemas e assuntos resolvidos e regidos por regras e regulamentos claros. Odeio coisas feitas de modos escusos!

– Acaso tenho o hábito de me valer de tais métodos?

– Decerto que não! Todavia, bem sabemos que você volta e meia aprecia fazer as coisas por sua própria conta. Numa sociedade bem organizada, isso é totalmente inadmissível. A minoria e seus interesses devem estar sempre submetidos, custe o que custar, ao interesse da maioria, às autoridades investidas do poder de zelar pelo bem geral.

– Por que está me dizendo isso, Peter?

– Ainda não sei bem, meu irmão – os olhos do prefeito deambularam nervosamente de um rosto ao outro, alcançando até mesmo Morten e Eilif, que, intimidados, pararam momentaneamente de comer. Desconfiança. Preocupação. Outros tantos sentimentos levando-o a apertar ainda mais os olhos cinzentos.

– Está se preocupando à toa, meu querido Peter...

– Espero que sim, Thomas, espero que sim... – Peter Stockmann despediu-se rapidamente de Catarina e dos outros, saindo em seguida.

CAPÍTULO 2

– Boa noite, tio!

Ele passou por ela como se não a visse ou como se ela fosse invisível. Petra não estranhou. Pelo contrário. Há anos que se acostumara com as excentricidades do comportamento de Peter Stockmann ou com aquilo que gentilmente preferia identificar como excentricidade, mas que o tempo e a convivência em mais de uma ocasião forçada deixava cada vez mais claro não passar de uma irremovível e inexplicável antipatia que sentia pelo irmão mais novo; e que, consciente ou inconscientemente, transferia para tudo e todos que conviviam ou tinham qualquer tipo de relacionamento com Thomas Stockmann, a começar por sua família.

Simplesmente não se importou. Sorriu educadamente e, parada na porta de casa, acompanhou-o com os grandes olhos azuis. Viu-o distanciar-se e por fim desaparecer na primeira esquina à esquerda da estreita e coleante rua que levava ao porto. Entrou, subindo os degraus de um pequeno lance de escada sem muita pressa, distraindo-se com as pálidas luzes da noite fria e nevoenta – uma ou outra estrela no céu, os quadrados amarelecidos produzido por umas poucas janelas iluminadas, o lampião tremeluzente no alto da porta de uma taberna longínqua porém ruidosa. Lembrou-se mais uma vez do tio e, pela fisionomia carregada, o cenho franzido e o queixo enterrado no peito, imaginou que tivera outra discussão com o médico. Rotina, pensou por trás de um risinho maroto, acreditando que o pai sentia um prazer inexplicável em provocá-lo, o prazer aumentando na mesma proporção que a antipatia do prefeito para com ele.

Irmãos!

Entrou. Vozes masculinas enchiam o vestíbulo, vindas da sala de jantar. O pai. Hovstad. Os irmãos disputavam ferozmente alguma coisa e a voz da mãe crivava-os de recriminações, a irritação por fim levando-a a mandá-los para a cama.

Achou engraçado a maneira como Hovstad, não sem uma ponta de malícia na voz aflautada, comentou:

– O prefeito não estava com cara de muitos amigos, hoje...

O diagnóstico de Thomas Stockmann soou ainda mais sarcástico:

– É o estômago. Meu irmão tem sérios problemas de digestão.

– Acho que é a nós, da *Voz do Povo*, que ele não consegue digerir até hoje.

– Peter é um solitário. Não tem uma família para onde voltar no final de um dia de trabalho ou com quem partilhar suas alegrias e tristezas. Tudo que carrega na cabeça são negócios e apenas negócios...

Jarras e copos tilintaram na confusão de vozes. Os comentários se tornaram ainda mais jocosos e tinham o prefeito como alvo único e dos mais apreciados. Como que procurando desviar o assunto para um rumo mais ameno, Catarina quis saber se Horster partiria em breve e soube que ele rumava para a América dentro de muito pouco tempo. Ela lamentou que o velho comandante não pudesse participar das eleições municipais, e Horster muito honesta mas enfaticamente afirmou:

– Eu não me interesso por essas coisas.

O que desencadearia uma nova e acalorada discussão entre Horster e Billing acerca da importância do voto numa sociedade organizada.

Hovstad acabaria mencionando que o jornal nada tinha para publicar no dia seguinte sobre as eleições municipais.

– Mas depois de amanhã pretendo publicar seu artigo, doutor – informou, entusiasmado.

Thomas Stockmann insistiu que deveriam esperar mais um pouco, a cautela no tom de voz servindo de esconderijo precário para uma preocupação incômoda que levou a todos na sala a uma demorada troca de olhares, inquietos.

– Lamento, mas é preciso esperar – insistiu o médico. – Mais tarde eu estarei em condições de explicar...

Nesse instante, Petra entrou...

Boa noite!

CAPÍTULO 3

– Ah, então é assim, não? Eu dando duro lá fora e vocês na maior farra aqui dentro!

Todos gargalharam gostosamente diante do comentário brincalhão de Petra, seu pai adiantando-se aos outros e dizendo:

– E por que não? Venha, filha, junte-se a nós!

Billing, solícito e igualmente sorridente, apressou-se em perguntar:

– Quer que eu lhe prepare um ponche, querida?

– Não se incomode, senhor Billing. Eu mesma preparo – Petra rumou para a mesa, onde copos e garrafas rivalizavam confusamente com uma infinidade das mais caóticas de pratos sujos e restos de comida. Parou e, virando-se para Stockmann, informou: – A propósito, pai, tenho uma carta para o senhor.

Stockmann entreolhou-se com os outros, a ansiedade nos olhos enormes e brilhantes:

– Uma carta? De quem?

– Não faço ideia – respondeu Petra, revirando os bolsos do casaco. – Sei apenas que é uma carta que o carteiro me entregou quando eu estava saindo para a escola.

– E só agora você me entrega, filha?

– Lamento, pai, mas tinha tanta coisa pra fazer hoje que... que...

O médico apressou-se em abrir o envelope que Petra lhe entregou e dele retirou uma folha de papel que desdobrou com dedos nervosos e descuidados – chegou a rasgá-la ligeiramente.

– Ah, era exatamente o que eu esperava – leu depressa, os olhos estreitando-se, ele reclamando: – Preciso de uma boa luz!

Afastou-se dos outros que já se achegavam a ele e desapareceu por trás de uma porta à direita.

Nova troca de olhares ainda mais intrigados.

– O que está acontecendo? – perguntou Petra.

– Não faço ideia, querida – respondeu Catarina. – Nos últimos dias, seu pai anda muito misterioso e cheio de preocupações que não compartilha com ninguém, nem mesmo comigo. Toda hora fica perguntando pelo carteiro.

– Com certeza espera notícia de algum paciente que mora no campo – opinou. – Sabemos como o doutor é consciencioso.

Todos concordaram.

– Não acredito que estava dando aulas até agora, Petra – disse Hovstad, insinuante e com inesperado interesse e carinho.

– Uma aula de duas horas, senhor Hovstad – informou a jovem filha de Thomas Stockmann, pela primeira vez dando a perceber um certo cansaço na fisionomia geralmente jovial e alegre.

– Além das quatro horas de instituto pela manhã? – espantou-se Billing, sem disfarçar o olhar malicioso que dirigia a Hovstad.

– Cinco horas. Cinco horas e uma pilha inteira de deveres dos alunos para corrigir.

– Você também trabalha demais, Petra – observou Hovstad, ainda mais gentil.

– Igual ao pai – ajuntou Catarina.

– Pobre doutor...

— Não me queixo... — Petra calou-se, tão surpresa quanto os outros, ao ver o pai sair abruptamente para a sala, agitando a carta que tinha numa das mãos. — O que foi, pai?

— Parece que teremos notícias sensacionais aqui na cidade, meus amigos — informou o médico.

Billing e Hovstad aproximaram-se, o primeiro indagando:

— De que tipo, doutor?

O segundo ajuntou ainda mais interessado:

— Do que se trata?

Stockmann caminhava de um lado para o outro, agitado, exibindo a carta e repetindo:

— Ninguém vai poder dizer que sou um louco. Ninguém!

— O que foi, doutor?

Catarina juntou-se aos dois jornalistas e, preocupada, confessou:

— Você está me assustando, Thomas. O que fez desta vez?

O médico parou e a encarou, todos convergindo com intensa ansiedade para ele.

— Não é opinião de todos que vivemos numa cidade das mais saudáveis que se conhece? — contrapôs.

— Com certeza — respondeu Hovstad.

— Não é voz corrente que é um lugar que se recomendaria de olhos vendados tanto aos doentes quanto às pessoas sadias?

— O senhor está me assustando, pai — admitiu Petra.

— A mim também — confessou Billing.

— Todos a recomendamos e com grande ênfase. Eu mesmo escrevi artigos entusiasmados na *Voz do Povo*, arrisquei minha reputação em folhetos e textos grandiosos...

— Sim, doutor, mas aonde o senhor está querendo chegar?

— Sabe a Estação Balneária de que tanto nos orgulhamos e que chamamos de...

— "O coração palpitante de nossa cidade" — atalhou Billing, ansioso, esfregando as mãos suadas uma na outra.

– Sabe o que ela realmente é?
– Por favor, doutor, diga de uma vez! – insistiu Hovstad, impaciente.
– Toda essa ansiedade vai acabar nos matando!
– Ela nada mais é do que um enorme foco de infecções.
Espanto geral.
– Que balneário, pai? – perguntou Petra.
– O nosso balneário? – insistiu Catarina.
– Mas o que é isso, doutor? – Hovstad estava pasmo e completamente pálido.
– Inacreditável! – disse Billing. Disse e continuou repetindo, como se fosse incapaz de dizer qualquer outra coisa, unir palavras num comentário minimamente coerente.
– O balneário inteiro nada mais é do que um grande perigo à saúde pública, acreditem! – continuou Stockmann. – Todas as imundícies do Vale dos Moinhos e dos curtumes infectam a água da canalização que deságua no reservatório. Todo esse lixo o está envenenando e acaba na praia...
– Atinge os locais de banhos? – perguntou Horster.
– Por completo.
– Certeza, doutor? – insistiu Hovstad.
– Já tinha lá minhas suspeitas havia muito tempo, por isso mandei fazer pesquisas...
– A troco de quê? Assim, sem mais nem menos?
– Na última temporada, tive notícias de uma grande quantidade de casos de tifo e febres gástricas entre os veranistas. No início, cheguei a pensar que as infecções haviam sido trazidas por eles. Todavia, com o aparecimento de novos casos, achei prudente mandar analisar a água com mais cuidado e...
– Era com isso que você estava preocupado, Thomas? – indagou Catarina.
Stockmann balançou a cabeça e acrescentou:

– Mandei amostras da água que se bebe no balneário e da água do mar para a universidade. Com os recursos que eles têm por lá, seus químicos estariam em condições de realizar testes e análises muito mais rigorosas...

Hovstad apontou para a folha de papel que o médico segurava numa das mãos e perguntou:

– Esses são os resultados?

– São...

– E o que dizem?

– Foi detectada na água uma grande presença de substâncias orgânicas em decomposição. Ela está cheia de certos protozoários que...

– O quê?

– São detritos de animais decompostos...

– Condenaram o balneário... – gemeu Billing, como se não acreditasse nas próprias palavras.

– Decididamente. O uso dessa água, seja interno, seja externo, é completamente prejudicial à saúde.

– Graças a Deus descobrimos a tempo... – disse Catarina, esfregando nervosamente as mãos uma na outra, os olhos indo de um rosto ao outro, como se receasse alguma coisa que nem ela mesma conseguia definir mas entrevia nos insistentes olhares de apreensão trocados por Billing e Hovstad.

– É verdade...

– É o que o senhor pretende fazer, doutor? – quis saber Hovstad.

– Ora, nada mais natural do que tomar as devidas providências para tentar pelo menos minimizar o problema...

– É possível?

– Tem que ser possível, pois caso contrário a única saída será fechar o balneário...

– Antes mesmo de inaugurá-lo? – pavor nos olhos arregaladíssimos de Billing, grãos de arroz presos comicamente em seu queixo.

– Se Deus ajudar, não precisaremos chegar a tais extremos.
– Acha mesmo?
– Felizmente, sei perfeitamente o que podemos fazer...
– E pensar que você conseguiu guardar esse segredo por todo esse tempo, Thomas... – disse Catarina.
– Eu não seria louco de divulgar algo tão grave sem ter certeza... mas agora eu tenho, e amanhã mesmo você irá à casa do Leitão...
– Thomas! ... – Catarina aborreceu-se.
Thomas Stockmann sorriu, como que se desculpando.
– Ah, perdoe-me, querida – falou. – Na casa de seu pai...
– A troco de quê?
– Não há tempo a perder. Teremos que mudar toda a canalização.
Hovstad levantou-se, incapaz de disfarçar a preocupação em tudo semelhante àquela visível no rosto rechonchudo e avermelhado de Billing.
– Toda a canalização? – espantou-se.
– Certamente. Como a captação de água está sendo feita muito embaixo, estaremos bombeando exatamente os lençóis poluídos. Será preciso refazê-la num plano mais elevado, onde a água é boa.
– No fim, era o senhor que estava com a razão, meu pai – afirmou Petra.
– Ah, então você se recorda, não, minha filha?
– Como poderia esquecer? Se eles tivessem lhe dado ouvidos...
– Eu fui totalmente contra o projeto que eles apresentaram, mas todos estavam tão arrogantemente convictos de que minha preocupação não passava de excesso de zelo que... que... – Stockmann ia de um extremo a outro, inquieto, ansioso, girando e girando em torno da mesa – Ah, mas agora todos terão que me ouvir e eu vou falar muito, acredite!
– O senhor já pensou no que tio Peter vai pensar e dizer sobre tudo isso, pai? – perguntou Petra, enquanto um silêncio sombrio e dos mais preocupados espalhava-se pelos presentes.
– Pensar? Pensar? – repetiu Stockmann, indócil. – Ele deveria ficar feliz e aliviado por termos descoberto algo tão importante antes...

– Acha mesmo, pai?

Nesse momento, Hovstad colocou-se entre os dois e perguntou:

– Será que posso publicar uma nota sobre sua descoberta na *Voz do Povo*, doutor?

– Como não, meu amigo? Eu ficaria muito agradecido...

– É minha obrigação. Quanto antes o público for informado, melhor.

– Com certeza... – Stockmann virou-se para a esposa e pediu: – Por favor, Catarina, peça à criada para levar isso o mais depressa possível à casa de meu irmão. É preciso que ele saiba de tudo o quanto antes...

Catarina aparentava estar preocupada e foi com indisfarçável receio que apanhou a carta que o marido lhe entregou, e saiu. Voltou um pouco depois, quando Billing virava-se para Thomas e dizia:

– A partir de amanhã, o senhor vai se tornar um dos homens mais importantes de nossa cidade, doutor.

– Bobagem, Billing! – replicou o médico. – Nada mais fiz do que cumprir com o meu dever de...

Billing ignorou-o e achegando-se a Hovstad insistiu:

– A cidade não deveria prestar uma grande homenagem ao Dr. Stockmann?

– A ideia não poderia ser mais feliz – concordou Hovstad. – Farei tal proposta através do jornal!

– Não, meus amigos, nada de homenagens! – cortou Stockmann. – Nada disso realmente me interessa. Mesmo que a direção da Estação proponha aumentar meu salário, acreditem, recusarei. Saber que estou prestando um serviço a minha cidade já é toda a recompensa que eu, de fato, ambiciono!

PARTE DOIS

INQUIETAÇÕES

CAPÍTULO 1

Primeiro fora a carta de Peter que um empregado da prefeitura entregara pela manhã. Numa grande folha de papel se lia apenas uma solicitação lacônica para que esperasse por ele antes do meio-dia. Nada mais, nada menos. Tinham muito o que conversar, afiançava.

Nenhum elogio ou comentário mais aprofundado sobre os documentos que lhe enviara na noite anterior. Nada. Realmente nada. Inquietação.

Um pouco mais tarde, a repentina aparição de Morten Kiil, pai adotivo de Catarina e proprietário do maior curtume da cidade, deixou a todos ainda mais inquietos.

Nada poderia ser mais incomum. Morten Kiil poucas vezes os visitara depois que ela, mesmo contrariando-o, casara-se com o médico, e ele não fazia a menor questão de esconder o quanto antipatizava com o genro.

Nada em Thomas Stockmann o agradava.

Seu temperamento. A vida dispendiosa que levava. A prodigalidade excessiva. Os amigos que tinha. A generosidade estimada por todos mas que relegava a filha que tanto amava e os netos a uma existência permanentemente instável financeiramente. Nada, definitivamente nada o agradava em Stockmann.

Por isso, todos, a começar pela própria Catarina, estranharam quando viram sua maciça cabeça inteiramente calva emergir pela abertura da porta da sala, uma expressão maliciosa no rosto bem vermelho.

– Digam-me se é verdade ou não – pediu ele.

Catarina e o marido se entreolharam, ela insistindo para que o pai entrasse enquanto o médico, jovial e hospitaleiro como sempre, contrapunha:

– Verdade ou não o quê?

Kiil entrou, insistindo:

– Essa loucura sobre as águas do balneário...

– Como o senhor soube? Leu no jornal?

– Antes de ir para a escola, Petra veio me contar. No início, eu achei que era brincadeira, mas todos nós sabemos que minha neta não é dada a esse tipo de gracinhas...

– Então o senhor veio saber se...

– É verdade?

Stockmann e a esposa se entreolharam, o médico apontando uma cadeira para Morten e pedindo:

– Sente-se, meu sogro, e vamos conversar...

– Não me venha com rodeios, rapaz, e diga de uma vez se...

– Não acha que isso é uma grande sorte?

– Sorte, sorte? Que disparate está dizendo você, Thomas?

– Ora, não foi muita sorte termos descoberto antes da inauguração do balneário? O senhor não imagina...

– Eu não sei... mas, convenhamos, não muito justo fazer algo assim com seu próprio irmão.

– Fazer o quê? Não estou entendendo...

Apreensiva, Catarina sentou-se ao lado de Kiil e, prendendo-lhe carinhosamente uma das mãos entre as suas, disse:

– Mas meu pai...

– Quer dizer que entrou um bicho no encanamento da água, não? – o ar malicioso no rosto de Morten Kiil irritou o médico. – Que negócio é este?

– Micróbios, meu sogro – informou Stockmann. – Milhares deles... Fazem mal à saúde!

– Acha mesmo que o prefeito ou qualquer homem sensato dessa cidade vai engolir uma história dessas, rapaz?

– Não é uma história, mas...

– Tanto faz. Eles merecem e sabe da melhor: será bem feito para todos! Acham que são mais espertos que os outros e pensam que podem ensinar a todos o tempo todo, que sabem mais do que nós, os mais velhos! Expulsaram-me do Conselho da cidade como um cão sarnento. Que paguem bem caro por isso... – o velho empresário tinha um ar matreiro quando arrematou: – Isso mesmo, meu genro, faça-os de bobos!

– Está entendendo tudo errado, meu sogro. Não é...

– Não importa o que seja, meu rapaz! Se conseguir enganá-los com toda essa história de bichinhos terríveis nas águas de nosso balneário, prometo que darei umas cem coroas aos pobres.

– É muita bondade da sua parte...

– Bondade coisa nenhuma! Eu só quero ver aqueles velhacos do conselho fazendo papel de idiota na frente de todo mundo, nem que isso me custe algumas coroas... – Morten Kiil calou-se bruscamente ao ver Hovstad entrar, um largo sorriso iluminando-lhe o rosto muito suado. Estreitou os olhinhos, uma centelha de malícia espremida entre as dobras de gordura do rosto muito enrugado que fixou no recém-chegado ao perguntar: – Faz parte da conspiração também, senhor Hovstad?

– Como é que é? – o editor olhou para um e para outro, sem entender muito bem do que o velho estava falando.

– Claro, meu sogro, ele também é um dos nossos – disse Stockmann, com inocência.

Kiil levantou-se, o irremovível sorriso de cumplicidade preso aos lábios cinzentos, e disse:

– Perfeito, meu genro! Atualmente nada se faz neste mundo sem ter o apoio da imprensa. Nada funciona se ela não está do nosso lado.

– Nós, da *Voz do Povo*, só estamos interessados no bem-estar de nossa comunidade e...

Kiil piscou um dos olhinhos ardilosos para o editor e disse:

– Com certeza, meu rapaz, mas diabos me carreguem se vocês não vão tirar proveito de toda essa bela farsa!

Saiu rindo, acompanhado por Catarina.

Stockmann sacudiu a cabeça, desconsolado, e virando-se para Hovstad, disse:

– Pode acreditar numa coisa dessas? O velho não acredita em nada do que eu falei sobre as águas do balneário. Acha que estou brincando ou sabe lá Deus o quê!

– Pois é exatamente sobre isso que vim até aqui lhe falar – disse Hovstad, ar grave, preocupado. – O prefeito já veio até aqui?

– Não – Stockmann encarou-o e indagou: – Algo o está preocupando, meu amigo?

– Sabe, doutor, como médico e cientista, o senhor só enxerga essa questão das águas sob o ponto de vista científico e médico...

– Sim, sim... e daí?

Hovstad hesitou por uns instantes antes de perguntar:

– O senhor já parou para pensar nas consequências que tal denúncia poderia trazer para nossa cidade?

– Como não? Por isso a fiz!

– Creio que o senhor não me entendeu...

– Pois então explique-se melhor, meu amigo – Stockmann apontou-lhe o sofá e ambos sentaram-se. – Do que está falando?

– O senhor afirma que essa água poluída vem...

– Do pântano contaminado pelos curtumes do Vale dos Moinhos.

– Pois eu penso o contrário, doutor.

– Como é?

– Penso que a infecção vem de outro lugar, um outro pântano ainda mais terrível...

– Como pode ser? Que pântano é esse?

– A atual administração de nossa cidade, são os políticos e alto funcionários deste governo...

– O que é isso, Hovstad?

– Bem, sei que não são apenas eles. São também os ricos e todos aqueles partidários de políticos ou dos funcionários do governo que, no fim, dá no mesmo, pois todos se locupletam à custa da administração...

– Não está sendo precipitado, Hovstad? Generalizar é sempre perigoso. Existe gente competente e decente entre os funcionários...

– Competente? É verdade. Tão competente que puseram as canalizações no lugar errado...

– Tudo bem, mas o mal ainda pode ser remediado...

– E acha que será fácil?

– Fácil ou não, terá que ser feito.

– Principalmente, se a imprensa ficar no pé dessa gente.

– Tenho certeza de que meu irmão...

– Quando assumi a direção da *Voz do Povo,* afirmei que um dia acabaria com esse bando de aproveitadores que manda e desmanda em nossa cidade, como se a coisa pública fosse algo particular e à disposição de cada um deles.

– Esse tipo de discurso foi o que quase levou seu jornal à falência, meu amigo...

– E eu sei como me calei e transigi para mantê-lo, como me submeti a esses senhores que fizeram a Estação Balneária, mas do jeito que as coisas vão, não dependemos mais deles...

– De qualquer forma, devemos ser gratos pelo que fizeram...

– E seremos, mas um jornalista com tão fortes tendências democráticas como eu me julgo ser não pode virar as costas a tão igualmente forte possibilidade de acabar com esse estado de coisas, com a crença de que nossos atuais dirigentes não erram. Eles erram, e creia, erram muito e criminosamente, porém sempre a seu favor. Claro, como o prefeito é seu irmão, procuraremos encontrar uma maneira de poupá-lo. No entanto, o senhor será o primeiro a concordar comigo que a verdade vem antes de tudo...
– Claro, mas...
– Não quero que me entenda mal, doutor. Não sou nem mais nem menos egoísta ou ambicioso do que a maioria das pessoas. Sou de origem humilde e por isso cultivo há anos a convicção de que as classes consideradas por muitos inferiores devem participar do governo, como dirigentes e senhores dos negócios públicos. Nada mais indicado para o desenvolvimento de coisas tão distantes quanto importantes como cidadania e dignidade...
– Nunca, em momento algum, me ocupei de julgar qualquer homem, caro Hovstad, e muito menos começaria com alguém a que tanto prezo...
– Um jornalista de verdade, e ainda com a minha história pessoal, jamais perderia a oportunidade oferecida por sua denúncia para trabalhar honesta mas decisivamente pela emancipação da massa dos humildes, dos oprimidos. O que os outros dirão ou a opinião dos que engordam à custa da corrupção e da injustiça de que sou um revolucionário, não me interessa. Durmo em paz, pois tenho a consciência limpa.
– Não diria melhor, Hovstad! – disse Aslaksen, impressor da *Voz do Povo*, entrando de um momento para o outro na sala. Virando-se para Stockmann, desculpou-se. – Perdoe-me por ter entrado desta maneira, doutor, mas ao ouvir meu bom e velho amigo Hovstad...
– Mas que bobagem, Aslaksen – disse o médico, acolhendo-o calorosamente. – É sempre bem-vindo em nossa casa.
– Quer falar comigo? – perguntou Hovstad.

– Não, eu nem sabia que você estava aqui – respondeu Aslaksen. – O meu assunto é com o doutor...

– Em que posso servi-lo? – interessou-se o médico.

– É verdade o que me contou Billing?

– E o que vem a ser isso?

– Que o senhor pretende propor a reforma da canalização das águas do nosso balneário. É verdade?

– Nem duvide. Trata-se de uma questão grave de saúde pública, e nenhum homem responsável...

– Não precisa me convencer, doutor. Estou aqui para lhe dizer que apoiarei plenamente esse projeto.

– Agradeço-lhe, mas...

– Sei bem, pela presença do amigo Hovstad, que o senhor já deve contar com o apoio da imprensa e todos reconhecemos sua importância. Mas como representante da classe média, dos cidadãos comuns, garanto-lhe que formaremos uma maioria compacta. O senhor há de concordar comigo de que ter a maioria do nosso lado é sempre algo muito importante.

– Absolutamente. Mas ainda há algo que me espanta...

Hovstad e Aslaksen convergiram interessadamente para o médico, o jornalista perguntando:

– E o que seria, doutor?

– Porque temos que nos cercar de tantos cuidados para realizar algo que me parece tão simples.

– Bem se vê que o senhor é um cientista, um humanista, e conhece pouco do coração de homens como os que nos governam. Nenhum deles aceita de bom grado qualquer projeto ou ideia que beneficie ou crie gastos que beneficiarão a outros e não a eles. É por isso, meu bom doutor, que toda cautela é pouca e eu sugiro que seja uma coisa feita pelo maior número possível de pessoas e instituições, e não somente o esforço pessoal de um único de nossos mais destacados cidadãos – disse

Aslaksen. – Temos a imprensa e eu, como presidente da Associação dos Pequenos Proprietários de Imóveis...

– O que tem em mente, senhor Aslaksen? – interessou-se Hovstad.

– Um evento, uma pequena manifestação, sem extremismos que assustem as pessoas. O senhor bem sabe que a maioria é silenciosa e pouco afeita a extremismos e mudanças bruscas. Além do mais, todos consideram o balneário de extrema importância para a cidade. É a mina de ouro que trará riqueza e prosperidade para todos. Portanto, qualquer coisa que vá contra tais certezas, como a canalização das águas, deve ser tratado com todo cuidado possível. Talvez possamos pensar num manifesto...

– Como?

– É, um manifesto, uma espécie de carta de agradecimento na qual os habitantes da cidade externariam sua gratidão pelo zelo com que o doutor trata os interesses públicos ao nos chamar atenção para o problema da canalização das águas do balneário.

– Isso me parece muito suave para a gravidade da situação – opinou Hovstad, contrariado.

– Pois que seja! Sou um cidadão honrado e respeitador das leis. Não acredito que ataques infantis à autoridade local poderão nos ajudar a...

– Nem bajulá-los!

– Lembre-se, meu amigo: ainda dependemos dessa gente e incorrer na ira deles servirá mais para atrapalhar do que qualquer outra coisa. Não, não. Bastará um manifesto. Que mal há no fato de um cidadão exprimir livre e desapaixonadamente umas poucas ideias razoáveis e eivadas de recomendável sensatez? Nenhum, não é mesmo?

Hovstad calou-se enquanto Stockmann apertou a mão de Aslaksen, agradecido.

– Estou muito contente em contar com o seu apoio, meu bom amigo – disse. – Ainda somos poucos, mas...

– Amanhã não seremos tão poucos assim – garantiu Hovstad.

– Concordo – disse Aslaksen, apontando-lhe o indicador e insistindo. – Mas, por favor, nada de violências, ouviu bem, Hovstad? – tornou a encarar Stockmann, acrescentando: – O senhor tem a maioria ao seu lado, doutor, a opinião pública.

O médico acompanhou-o até a porta. Hovstad sacudiu a cabeça e tinha um risinho malicioso quando voltou.

– O que foi? – perguntou.

– Aslaksen...

– O que tem ele? É um bom homem...

– Certamente que é, mas é um daqueles que andam na pontinha dos pés na lama. Na verdade, nada diferente de outros tantos que, como ele, vivem nadando entre duas águas, preso a uma verdadeira e invencível teia de compromissos que os faz morrer de medo de qualquer mudança que de alguma maneira ponha em risco suas vidinhas medíocres de pequeno-burgueses.

– Não é um julgamento por demais rigoroso, meu caro Hovstad? O senhor Aslaksen é um bom homem e suas intenções...

– São boas, bem sei, mas esbarram sempre no grande medo que ele e homens como ele sentem diante da mudança. Então não mudam nada e tentam conciliar o que em absoluto é impossível conciliar.

– Mas o que é isso, Hovstad?

– A situação está insustentável e cabe a nós aproveitar a oportunidade que nos foi dada por esse assunto da canalização das águas do balneário para afastar de uma vez por todas de nossa sociedade aqueles que são os únicos responsáveis pelo atraso e pela ignorância em que vive mergulhada parcela considerável de nossa gente.

– Não concordo com algumas coisas que você diz, Hovstad, mas se isso me ajudar a salvar a gente que frequentará o balneário...

– Decerto que sim. Mas não apenas a eles, mas a todos nessa cidade, acredite, doutor.

– Acredito, acredito sim. De qualquer forma, agradeceria se você me permitisse falar antes com meu irmão sobre o assunto.

– E se o prefeito não lhe der ouvidos?

– Ele...

– E se ele não lhe ouvir, doutor? O senhor o conhece bem e sabe...

– Aí você pode publicar meu texto.

– Sem tirar uma vírgula do lugar? – os olhos de Hovstad brilhavam de intensa satisfação, fixos em Stockmann.

– Sem tirar nada!

CAPÍTULO 2

Os dois quase se chocaram, Peter Stockmann com os olhos faiscando, de tal maneira penetrantes e hostis, fixos em Hovstad, que parecia que o prefeito se esforçava para devassar-lhe os pensamentos ou pelo menos, indo e vindo pelas veredas tortuosas e para ele, sombrias, de seu cérebro, encontrar uma boa explicação para aquele persistente risinho cínico e debochado que trazia ostensivamente preso aos lábios.

– Bom dia – resmungou, de má vontade, impotente, enquanto o jornalista passava a centímetros dele, sem uma palavra sequer, aquele odioso sorriso diluindo-se na distância, irremovível. – Conspirando outra vez, Hovstad? – gritou por fim, irritado.

O jornalista continuou caminhando. Ignorou-o por completo, permitindo-se apenas acenar brevemente antes de sumir numa esquina onde, aliás, o prefeito vira, minutos antes, Aslaksen esgueirar-se, medo nos olhos, titubeante entre servir a seus propósitos ou aliar-se àqueles que supunha e somente supunha – daí os olhares furtivos e desconfiados de um lado para o outro, como se temesse estar sendo observado – viriam a ser os novos governantes da cidade.

Inquietação.

Estava nervoso, tenso, preocupado.

Mal dormira após ler o extenso relatório que o irmão lhe enviara. Perguntas incômodas mas persistentes perambulavam por sua cabeça, perseguindo-o noite adentro, não lhe permitindo mais do que umas poucas horas de um sono mesmo assim intranquilo.

Nada comera – abdicara do chá e das torradas rotineiras. Estava sem fome. Aborrecido. Amedrontado.

O que estava acontecendo?

Que tramava o irmão?

Que desastres vaticinavam aquele amontoado mais ou menos compreensível de papel que o irmão lhe enviara?

Haveria realmente algum desastre ou tudo não passava de outro de seus devaneios?

Bom dia, Peter!

A voz cristalina e amistosa de Catarina soou-lhe longínqua, mas forte o suficiente para que se voltasse num salto e a encarasse. Ela lhe sorria, emoldurada entre os umbrais da porta, e insistiu:

– Não quer entrar?

CAPÍTULO 3

Sorriu, constrangido, e mais uma vez carrancudo, acompanhou-a através do corredor que conduzia à sala onde Thomas o esperava.

– Então, Peter, leu o relatório que te mandei? – perguntou o médico, ansioso, caminhando ao seu encontro.

– Li – respondeu Peter Stockmann. – Era mesmo necessário fazer todas essas investigações pelas minhas costas, meu irmão?

O sorriso morreu no rosto de Thomas e percebeu um certo nervosismo que Catarina e Petra, paradas junto à porta, materializaram num longo e silencioso olhar fixo em ambos.

– Não foi essa a minha intenção, Peter... – disse Thomas, apontando para o sofá e insistindo: – Não quer sentar?

Peter sacudiu a cabeça e insistiu:

– Então por que o fez?

– Eu queria ter certeza antes de...

– Agora tem?

– Claro... não leu o relatório?

– Pensa mesmo em enviá-lo para a direção do balneário?

– O quanto antes. Não há tempo a perder...

– Estamos realmente envenenando nossos hóspedes, Thomas?
– Não há nenhum exagero naquele relatório...
– Não mesmo? Pois foi exatamente o que vi. Um monte de palavras exageradas e uma preocupação descabida com algo que... que...
Thomas irritou-se:
– Descabida? Meu Deus, Peter, então você não leu o meu relatório!
– Li, certamente que li, e sabe o que vi? O mesmo Thomas Stockmann de sempre: exagerado, alarmista e escondendo sabe-se lá que intenções por trás de um impenetrável jargão pseudocientífico que saberia perfeitamente que tanto eu quanto a direção do balneário teríamos dificuldades em entender.
– Absurdo! Tudo o que coloquei no relatório é a mais pura verdade! Pelo amor de Deus, Peter, pense apenas um pouco no mundo que está à sua volta! Pare de olhar para o próprio umbigo ou preocupar-se unicamente com seus próprios interesses, e pense nessa pobre gente que vem ao nosso balneário. Aquela água está envenenada. É imprópria para beber e para qualquer um nela se banhar. No entanto, é exatamente o que estamos lhes oferecendo: veneno para sua saúde que prometemos manter e até melhorar, e pelo qual lhe cobramos um bom dinheiro.
– E construir um esgoto para essas supostas imundícies do Vale dos Moinhos ou reinstalar o sistema de canalização das águas...
– Não há outro meio, meu irmão, e nem tempo a se perder com...
– Sabe quanto nos custaria o que pede, Thomas?
– Estamos falando de vidas humanas, Peter, e uma vida não tem preço para mim...
– Mas as obras têm, e conversando com o engenheiro municipal hoje pela manhã, eu lhe fiz essa pergunta, assim como quem não quer nada.
– Perguntou-lhe sobre as obras nas canalizações?
– Com todo cuidado possível...
– É, você é bom nisso...
Uma centelha de irritação faiscou, dardejante, nos olhos de Peter Stockmann.

– O que quer dizer com isso? – perguntou.

– Não, nada – desconversou o médico. – O que disse o engenheiro?

– Riu na minha cara, evidentemente. Um cálculo rápido e sem levar em conta muitos fatores, as despesas alcançariam muito facilmente milhares de coroas.

– Tão caro?

– É, meu irmão, e o trabalho levaria, pelo menos, dois anos.

– Tudo isso?

– No mínimo...

– Eu não tinha pensado...

– Não, é claro que não. Você nunca pensa, Thomas, pois se tivesse pensado apenas um pouquinho ainda teria uma indagação bem mais perturbadora para fazer a si mesmo...

Thomas Stockmann pestanejou repetida e nervosamente, confuso, os olhos indo desorientadamente de um lado para o outro, como se procurasse algo, qualquer argumentação, uma maneira de safar-se daquele dilema insidioso.

– Como é que é? – perguntou. – Do que está falando?

– O que seria de nós durante todo esse tempo?

– Não entendi...

– É, meu irmão, o que faríamos? Como, que alternativa você sugere para não termos que fechar o balneário? Acaso acredita que alguém viria para cá se soubesse que nossas águas estão contaminadas?

– Mas a verdade é que estão, Peter!

– O que você espera que façamos?

– Ora, tentar remediar o problema...

– Simples assim?

– Não, você mesmo diz que não será fácil. De qualquer forma, terá que ser feito.

– Está arruinando sua própria gente, Thomas! – rugiu Peter, as feições congestionadas, o rosto, muito pálido, brilhante de suor que escorria do alto da cabeça e empapava-lhe os cabelos, as pontas grudando de modo estranho na nuca.

– Tenho a consciência tranquila...

– Claro, você sempre a tem. Acusa-me de mesquinharia e de pensar apenas em mim mesmo, mas está aí, todo orgulhoso e cheio de si, sentindo-se como um deus, dispondo da vida de centenas e até de milhares com um monte de folhas de papel e...

– É uma questão de saúde pública, Peter...

– Não, meu irmão, é bem mais do que isso. É da própria sobrevivência de nossa cidade que estamos falando. Ou você acha que as cidades vizinhas ficarão de braços cruzados logo que a notícia de que nossas águas estão contaminadas se espalhar? Claro que não. Todas moverão céus e terras, tirarão dinheiro de onde quer que seja, e é claro que encontrarão muitos financiadores para construir suas próprias estações balneárias e atrair nossos veranistas. A nós só restariam os prejuízos. É o que quer?

– Mas que despropósito, Peter! Deveríamos estar aqui discutindo com seriedade o risco a que estamos expondo vidas humanas e você fica aí como um guarda-livros, falando de cifras, valores e números, como se um ser humano não passasse disso a seus olhos.

– Aos meus e aos de todos os que vivem no mundo real, meu irmão! É assim que o mundo funciona, queira você ou não.

– Não para mim. Eu penso nas pessoas que podem concretamente morrer se entrarem em contato com nossas águas...

– Você é um exagerado. Fosse um médico mais consciencioso e estaria se preocupando em tomar providências e combater as possíveis consequências...

– Estou combatendo a origem do problema.

– E assim?

– E o que mais posso fazer?

– O balneário existe e é um fato consumado. Tem problemas e todos reconhecem, dispondo-se a examinar qualquer alteração nas

canalizações para um futuro bem próximo, assim que tivermos os fundos necessários para tal.
– E o que me sugere? Que fique calado?
– Conseguiria?
– Deus do céu, Peter, você não tem consciência?
– Tenho responsabilidades...
– Quer que eu participe conscientemente de uma mentira, de um crime contra o povo?
– E se você estiver enganado?
– Não entendo...
– E se a situação não for tão preocupante como você alardeia em seu relatório?
– Mas é...
– Não estou totalmente convencido...
– Não sou nenhum leviano, Peter. Eu fiz muitos exames e solicitei outros tantos antes de...
– Apesar disso, eu acho...
– Você não quer se convencer da gravidade da situação, Peter, e não há nada nem ninguém que conseguirá convencê-lo, tenho certeza disso.
– Não é nada disso. Eu apenas...
– Você não quer é aceitar, pois afinal de contas, os prédios e as canalizações estão onde estão graças a você e seria inadmissível aceitar que cometeu um erro. Estou certo?
– Pode me condenar por me preocupar com minha reputação?
– De maneira alguma, mas o que está em jogo aqui é algo bem maior do que a sua reputação. É a comunidade...
– É no interesse da comunidade que devo manter minha reputação intacta. Quem seguiria ou ouviria um líder que admite que cometeu um erro que poderá lhes causar tantos prejuízos?
– Seres tão humanos quanto o líder, principalmente se esse líder tiver a grandeza de admitir o seu erro.
– Belas palavras, meu irmão! Infelizmente, no mundo real, onde vivo vinte e quatro horas por dia, as coisas não funcionam bem assim. E é

por causa disso que não quero o seu relatório sendo apresentado nesse momento. É o interesse público que está em jogo. Oportunamente, eu me comprometo a apresentá-lo e tomarmos as decisões cabíveis para...

– Nem me peça isso, Peter!

– Não estou pedindo, Thomas. Estou exigindo que nada de toda essa maldita história seja divulgada...

– Tarde demais...

– O *Voz do Povo*, não? Era disso que tratava com Hovstad agora há pouco?

– E se fosse? Todos têm o direito de saber...

– Como você é imprudente, Thomas.

– Cumpri apenas o meu papel de cidadão.

– Nem por um segundo mediu as consequências de seus atos, não é mesmo, *cidadão*? Não pensou em sua família?

– Está me ameaçando, Peter?

– Eu? Nunca!

– Então...

– Sempre fui um bom irmão para você e fiz tudo para que melhorasse a situação econômica deplorável em que vivia...

– E serei eternamente grato por isso...

– Não me agradeça. Se o fiz, foi pensando unicamente em meu interesse...

– Mesmo assim!

– ... A bem da verdade, eu pensava que sua gratidão fosse grande o bastante para que me ouvisse mais vezes e não se envolvesse em tantas confusões.

– Olha, Peter...

– Não, não. Apenas ouça, Thomas. Ouça, pois eu tenho muito a lhe dizer. Você não tem solução. Será sempre assim, um criador de caso, um romântico, e Deus sabe como os românticos são perigosos com seu tolo ardor revolucionário, esse dedo sempre apontado para os defeitos alheios que os ajuda a esconder os seus próprios, sendo o orgulho o maior deles.

– Não sou orgulhoso...

– Ah, é sim, não negue.

– ... Apenas tenho a coragem de dizer aquilo que penso e dar a minha opinião sobre aquilo que não acho certo.

– Viu, viu?

– Um bom cidadão preocupa-se com os outros.

– E você está preocupado?

– Como não! O meu relatório...

– O seu relatório, o seu relatório! Sempre esse maldito relatório! Sempre o revolucionário irascível, reclamando de tudo e de todos, propondo rupturas drásticas, queixando-se das autoridades em seus artigos e panfletos incendiários, julgando-se perseguido e ignorado por todos... O que queria? Você não faz outra coisa a não ser afastar de ti aqueles que poderiam ajudá-lo!

– Você e seus amigos?

– É, a nós mesmos, Thomas, ou você já esqueceu que deve a mim o posto de médico do balneário?

– Nada devo a você ou a seus amigos nesse aspecto, Peter. Foi a minha capacidade que me colocou nesse cargo, até porque eu nunca tive um concorrente. Por outro lado, vale acrescentar que fui o primeiro a mencionar a possibilidade de nossa cidade tornar-se uma estação balneária. Se pensarmos bem, no início, apenas eu acreditava nisso e lutei por aquilo em que acreditava durante anos nos tais artigos que você diz serem incendiários...

– Não nego, mas fomos nós que viabilizamos seus projetos...

– Estragaram meu belo projeto, adaptando-o às suas conveniências, isto sim!

– Pronto, ei-lo que surge, o nosso revolucionário sempre disposto a rebelar-se contra as autoridades ou contra tudo aquilo que julgue a ele superior!

– Besteira!

– Verdade, não negue, Thomas! Você nos detesta, pois temos o que você jamais terá, poder bastante para mudar as coisas, poder que eu tenho e que usarei para impedir que você interfira nos interesses da cidade.

– Ah, é? E como fará isso, meu irmão?

– Eu quero que você desminta tudo o que disse e tudo o que aqueles irresponsáveis da *Voz do Povo* ainda irão publicar!

– E o que quer?

– Espero ainda que declare publicamente, talvez até nas páginas desse maldito pasquim, a plena confiança que tem na direção do balneário. Vai dizer que acredita sinceramente que faremos tudo o que for necessário para resolver o problema da contaminação das águas...

– Futuramente?

– Isso não será necessário.

– Mas... – em muito pouco tempo, perplexidade cedeu lugar a uma crescente irritação e inconformismo no rosto muito vermelho de Thomas Stockmann.

– Faça apenas o que estou lhe dizendo. Como empregado do balneário, não lhe cabe dar ou deixar de dar opiniões pessoais sobre o que acontece ou deixa de acontecer em...

– Mas eu não estou vendo vontade política para resolver, mesmo que emergencialmente...

– Você é empregado da... da... – Peter fulminou-o com um olhar de enorme impaciência. – Bom, para encurtar a história e nos poupar de tanta conversa inútil, eu sou o seu chefe e o proíbo, ouviu bem? Eu o proíbo de ficar por aí falando o que bem entende sobre algo que decididamente...

– Me proíbe? Me proíbe? Quem é você para me proibir de qualquer coisa, Peter? Eu sou um homem de ciência, um médico, e minha única preocupação...

– ... deveria ser com os empregos de centenas que dependem direta ou indiretamente do funcionamento de nosso balneário!

– Ou com os lucros que você e seus amigos tirarão em porções generosas deste empreendimento?

– Como é que é? Como ousa me acusar de algo... algo...

Um avançou na direção do outro e por uns instantes a briga pareceu inevitável. Petra e a mãe entraram, colocando-se entre ambos, a jovem professora virando-se para o pai e dizendo:

– O senhor não é obrigado a ser tratado desta maneira!

Catarina censurou-a, repetindo-lhe o nome e esforçando-se para aplacar o cunhado, Peter, contrariado, resmungando:

– Vocês estavam escutando atrás da porta...

– Não seria preciso – replicou ela. – Os dois estão falando tão alto que me surpreende que a cidade inteira não esteja lá fora ouvindo!

Thomas aproximou-se de ambos e, olhando por sobre o ombro da esposa, pediu:

– Vá embora, Peter. Por favor, vá...

– Vai fazer a declaração?

– Sabe muito bem a resposta, meu irmão.

O prefeito sacudiu os ombros num gesto de pouco caso e disse:

– Se prefere que assim seja, assim será. Nós mesmos redigiremos e mandaremos publicar uma declaração que tranquilizará a população...

– Faça isso e eu estarei à frente de todos aqueles que desmascararão essa farsa. Não desdirei nem uma palavra do que coloquei em meu relatório e provarei que vocês não só estão errados, mas bem mais preocupados com seus interesses do que com o bem público.

– Faça isso e não poderei impedir que seja demitido!

Catarina empalideceu, entreolhando-se com a filha e o marido, antes de voltar-se para Peter e repetir:

– Demitido?

– Demitido e afastado de toda e qualquer participação nos negócios do balneário.

– Mas que coisa revoltante, meu tio! – protestou Petra, trêmula de indignação.

– Cale-se, Petra! – rugiu Catarina, nervosa.

Peter sorriu desdenhosamente.

– Ah, pelo que vejo já temos uma subversivazinha aqui na figura de sua filha, meu irmão – zombou. – Bem, não podia ser diferente em se tratando...

– Saia da minha casa, Peter! – berrou Thomas, apontando para a porta.

– E os meninos? Também são vermelhinhos ou você, minha cunhada, ainda conseguiu livrá-los do entusiasmo revolucionário de meu irmão? – Devia fazê-lo enquanto é tempo. Como me parece ser a pessoa mais sensata desta casa, não será difícil compreender a extensão das consequências que o ato insensato de Thomas pode trazer para todos aqui...

– Saia da minha frente, Peter!

– Como pode fazer isso com a sua família, Thomas?

– Amo a minha família e não ouse...

– Como ama a sua cidade? Deus os proteja de seu amor!

Thomas agarrou-o pelo braço e puxou-o na direção da porta, Catarina e Petra, apreensivas, seguindo-os, temendo que começassem a brigar de um momento para o outro, os gritos ressoando por toda casa.

– Está completamente louco, meu irmão! – insistiu Peter. – Vai acabar destruindo a nossa única e principal fonte de rendas...

– Ela está envenenada, seu louco? Será que isso não entra nessa sua cabeça-dura?

– Louco é você! E tem mais: você é um inimigo dessa cidade!

– Ah, mas que atrevimento!...

– Esforçando-se para colocar-se entre os dois, Catarina suplicou:

– Por favor, Thomas...

Petra, titubeando entre agarrar-se ao braço do pai ou ajudá-la a livrar Peter, ajuntava:

– Calma, pai!

Thomas Stockmann escancarou a porta que se abria para a rua e empurrou o prefeito para fora, Peter esforçando-se para não escorregar nos degraus da pequena escada e estatelar-se na calçada.

– Pense em seus filhos! – insistiu, ofegante, espetando o ar com o indicador e apontando para Petra e a mãe, as cabeças de Eilif e Morten emergindo, curiosas, sob os braços de Catarina.

– Isso não vai ficar assim – disse Thomas, enquanto o via se afastar rua abaixo, ajeitando com raiva o chapéu na cabeça. – Que atrevimento me chamar de inimigo do povo!

– O que vai fazer, querido?

– Você vai ver, Catarina. A verdade está do meu lado...

Catarina sacudiu a cabeça tristemente.

– De que vale a verdade se você não tem o poder, Thomas?

– Que bobagem é essa, mulher? – protestou Thomas, fechando a porta. – Quer dizer que num Estado livre a verdade não tem valor algum se não temos o poder e a força para apoiá-la? Foi isso que quis dizer?

– Thomas...

– Se eu recuar, como poderei olhar meus filhos de frente e de cabeça erguida, quando eles forem homens? Como poderei fazê-los acreditar no valor e importância da verdade e da honestidade?

Catarina começou a chorar.

– Que Deus nos proteja... – gemeu, afastando-se para o interior da casa, enquanto os meninos, olhando desorientadamente de um lado para o outro, perguntavam o que estava acontecendo.

PARTE TRÊS

CIRCUNSTÂNCIAS, IMPORTÂNCIAS E INTERESSES

CAPÍTULO 1

A redação era escura e mal-ventilada. Cubículos espremidos serviam a incontáveis propósitos, tudo para que a impressora, senhora absoluta e dama de extraordinária importância no processo jornalístico do grande – e, por sinal, único – periódico da oposição local, tivesse todo espaço possível para exercer a sua incansável função de propugnadora da justiça e da ética em tão áridos rincões da burguesia. Papéis, velhos jornais ou novos exemplares, pouco importava, além de livros, muitos livros, amontoavam-se numa grande mesa à sua direita, e à esquerda, junto de uma grande janela empoeirada, a escrivaninha em cuja cadeira alta Hovstad aboletava-se, compenetrado e rabiscando uma pequena folha de papel sem qualquer maior expectativa definida a não ser, é claro, passar o tempo.

Uma grande desarrumação de móveis bem velhos e tipógrafos indo e vindo, subservientes diante das máquinas que estremeciam, operosas e barulhentas, recebendo, grande animal insaciável, as folhas em branco e devolvendo-as povoadas de ainda reluzentes letras negras que, segundo as palavras do próprio editor, muito em breve incendiariam toda a região.

– É sobre o balneário – palpitavam alguns, aos cochichos, enquanto espichavam o olhar na direção de Hovstad que, impaciente, volta e meia retirava o relógio de um dos bolsos do colete e o contemplava, resmungando qualquer coisa que as máquinas, mais e mais barulhentas, tratavam de abafar no momento seguinte.

Conjecturas. Boatos. Nada além.

Repentinamente, a porta da frente escancarou-se e Billing entrou, um punhado amarfanhado de papel numa das mãos. O rosto suado emoldurava um largo sorriso, enquanto ele ia de um lado para o outro, agitando as folhas transbordantes de palavras.

– Esta é quente, meus amigos, muito quente mesmo! – repetia, exibindo-as para os tipógrafos e finalmente para Hovstad, que o cercaram.

– Não acredito... – disse Hovstad – você já leu tudo?

– De cabo a rabo e várias vezes! Quer saber? É um artigo devastador. Não vai deixar pedra sobre pedra.

– Não seja tão confiante, meu amigo. Essa gente não cai tão facilmente.

– Concordo... – o sorriso de Billing arreganhou-se ainda mais quando ele, sacudindo o punhado de folhas de papel, insistiu: – Mas pode acreditar, Hovstad: é a revolução em marcha!

Hovstad arrancou-o do meio do pequeno grupo de tipógrafos e entrincheirando-se atrás da impressora, os olhos indo desconfiadamente de um lado para o outro, cochichou:

– Fale baixo, homem. Se Aslaksen o ouve...

– Aslaksen é um frouxo! Por ele... – Billing cravou os pequenos olhinhos astuciosos em Hovstad e grunhiu: – Mas você vai publicar o artigo, não vai? Seria uma pena se...

– Publicando ou não, sempre estaremos em condições de tirar proveito dele, Billing. Caso o prefeito rejeite o projeto do doutor...

– O que é mais do que uma possibilidade, como sabemos...

– ... acredito que poderemos contar com a oposição de nossa boa e velha classe média, e todo o resto da população virá junto. Caso ele ceda, ficará numa situação delicada com os principais acionistas do balneário, justamente aqueles que o apoiam mais fortemente...

– Ceder significa meter a mão no bolso e gastar muito dinheiro, eu sei, eu sei.

– Nem duvido. De um jeito ou de outro, estaremos em condições de apresentar em grande destaque a incapacidade administrativa do prefeito, e acredito que não esperaremos muito antes que ele nos entregue todos os cargos de confiança.

– É a revolução! – exultou Billing. – Meu Deus, Hovstad, nós triunfaremos, teremos a cidade à nossa mercê...

Calaram-se, Hovstad gesticulando e insistindo para que o companheiro se calasse, ao verem a porta abrir-se e Thomas entrar.

– Pode publicar tudo, senhor Hovstad! – trovejou ele, e os dois notaram que estava irritado. – Se é guerra que desejam, é guerra que terão! O relatório é apenas o começo...

– O que quer dizer, doutor? – perguntou Hovstad, entreolhando-se apreensivamente com Billing.

– Eu já tenho material para uns quatro ou mais novos artigos... – o médico calou-se bruscamente e, encarando-os, perguntou: – Onde está Aslaksen?

– Ah, ele está lá atrás – informou Hovstad, virando-se para o interior da redação e gritando o nome do impressor.

– E do que falariam os novos artigos, doutor? – quis saber Billing, entusiasmado. – Seriam sobre o mesmo assunto?

– Coisa tão grave, porém mais diferentes. De qualquer forma, tudo está relacionado aos encanamentos, à poluição e à contaminação das águas. É uma desgraça!

– Deus me castigue se já não é hora de derrubar tudo isso!

Saindo detrás da impressora, Aslaksen tinha os olhos inquietos e esfregava as mãos de maneira nervosa.

– Derrubar o quê, gente? – perguntou. – Acaso estão pensando em demolir nossa Estação Balneária?

Hovstad dirigiu um olhar reprovador para Billing, antes de acercar-se do impressor e tranquilizá-lo:

– Mas que bobagem, Aslaksen? Quem em sã consciência morderia a mão que o alimenta? Ninguém com um pingo de juízo pensaria nisso!

Aslaksen não parecia completamente convencido, quando se virou para o médico e indagou:

– E somos pessoas sensatas, não somos, doutor?

– Claro que sim – respondeu Thomas Stockmann. – De qualquer modo, não temos tempo a perder, e inclusive eu gostaria que o senhor se encarregasse pessoalmente do manuscrito, senhor Aslaksen.

– Deixe-o comigo, doutor...

– Vocês nem imaginam em que estou pensando. Hoje mesmo fui ameaçado por causa do meu artigo. Tentaram privar-me do mais simples direito de um homem...

– Como é isso, doutor? – interessou-se Billing.

– Quiseram transformar-me num covarde, num mentiroso. Vieram me pressionar para negar tudo aquilo em que mais acredito...

– Que absurdo! – protestou Hovstad. – Ah, mas dessa gente não devemos esperar outra coisa!

– Eles verão que sou feito de material bem mais resistente! – rugiu Thomas, resoluto. – Todos verão isso ao lerem o meu artigo. De hoje em diante, a *Voz do Povo* será a minha fortaleza, e daqui...

Linhas profundas de indisfarçável preocupação foram se aprofundando mais e mais na testa porejada de suor de Aslaksen, enquanto seus olhos iam de maneira repetida e inquieta de um rosto a outro.

– Calma, doutor – pediu. – O momento exige uma certa moderação e prudência de nossa parte...

– Vamos destruir cada um deles bem diante da boa gente da cidade – garantiu Thomas.
– Vamos lutar! Vamos lutar! – ajuntou Billing.
– Não é mais apenas a questão do balneário. Toda a nossa sociedade precisa ser limpa, desinfetada. Precisamos nos livrar desses homens conservadores e de suas cabeças medíocres. Precisamos tirá-los de todos os lugares para que tenhamos algum futuro viável e justo. Se estivermos unidos, nada poderá nos impedir de alcançar tais objetivos.
– Desde que ajamos como pessoas sensatas e com moderação, não correremos nenhum risco – garantiu Aslaksen.
– O senhor terá o nosso apoio, doutor – concordou Hovstad.
– Nem tenha dúvidas! – disse Billing, com redobrado entusiasmo. – Como poderíamos agir diferente? O doutor Stockmann é um verdadeiro amigo do povo!

CAPÍTULO 2

Thomas Stockmann saiu da redação da *Voz do Povo* vivamente emocionado, repetindo agradecimentos de modo até infantil, apertando todas as mãos que lhe eram oferecidas em solidariedade e reconhecimento, recitando palavras até beligerantes acerca de lutas prolongadas, desgastantes porém gloriosas, pois seriam para o bem e felicidade geral do povo.

No entanto, mal o viu desaparecer na primeira esquina e Aslaksen virou-se para os outros, resmungando:

– Enquanto nosso bom doutor se limitar em seus artigos à questão da água, decerto que estarei com ele, mas confesso que se resolver ir mais além, não seria prudente segui-lo.

Hovstad e Billing se entreolharam, o primeiro, apreensivo, perguntando:

– Por que isso agora, Aslaksen? De que afinal de contas tem tanto medo?

Billing irritou-se e desabafou:

– Tem horas que você é cauteloso demais, meu amigo, e a sua prudência chega bem perto da mais vil pusilaminidade!

– Cauteloso, eu? Prudente, talvez, mas cauteloso...

– Como chama isso que... quê...

– Nem sei bem se sou mais velho do que os dois, mas certamente possuo bem mais experiência, e a experiência me ensinou que em se tratando da política caseira, onde podemos olhar nos olhos de nossos adversários e cruzar com eles pelas ruas tão próximos, a prudência é a mãe de todas as vitórias, pelo menos as mais duradouras, daquelas que não deixam rancor ou outros sentimentos ruins, seja de um lado, seja do outro. Ainda se fosse a política nacional, os dois veriam que...

– Então você é corajoso nacionalmente e cordeirinho em nível local, Aslaksen? – provocou Billing, mordaz. – Isso não é meio contraditório?

– Possivelmente, mas acho mais realista. É, eu me considero um homem sensato. Reclamar do governo é fácil, pois ele está longe e pouco se importa com críticas e acusações. Mas quando toco na autoridade local e a substituo, posso acabar contribuindo para que em seu lugar assumam certos agitadores que...

– E nesse seu raciocínio, onde ficam a ética, a transparência e a consciência do cidadão? Não são coisas importantes?

– Quando um homem tem bens, o importante, meu rapaz, é unicamente protegê-los, não importa o que tenha que fazer ou os sapos que terá que engolir. As questões políticas ficam bem na boca dos despossuídos, pois eles nada têm a defender e, portanto, nada a perder.

– Espero então jamais tê-los – disse Hovstad.

Aslaksen sorriu maliciosamente e, apontando para a escrivaninha, informou:

– Antes de você, essa mesa era ocupada pelo senhor Stensgaard...

– Aquele aproveitador?

– É, meu amigo, aquele mesmo, o que ocupa um dos mais altos cargos na prefeitura e que faz parte do grupo de retrógrados que você tão ardorosamente quer varrer de nossa administração local.

– O que está querendo dizer com isso, Aslaksen? – perguntou Billing, desconfiado.

– Que um político jamais deve dizer que desta água não beberei, e você deveria ser o primeiro a ter essa frase gravada a fogo na cabeça, já que, como todos sabem, ambiciona o cargo de secretário da Prefeitura!

Billing empalideceu.

– Eu?!...

Hovstad encarou-o, espantado.

– Eu não sabia... – gemeu – é verdade, Billing?

– Admito que... – Billing fulminou Aslaksen com um olhar de grande irritação. – Mas eu o fiz apenas para irritar os poderosos locais!

Aslaksen olhou para um e para outro, divertindo-se imensamente com o constrangimento que provocara.

– Bom, vocês podem me acusar de tudo e usar todos os adjetivos que quiserem ao se referir a mim, mas pelo menos sou transparente. Sempre fui. Nasci e morrerei com as mesmas ideias. Penso no povo sempre, mas admito sem o menor constrangimento que sempre gosto de estar próximo do governo, seja ele de que tipo for e abrace as ideias que abraçar, principalmente em se tratando de nosso governo local. Nem todo mundo pode dizer a mesma coisa.

Saiu.

Enquanto o via desaparecer atrás da impressora, Billing, ainda aborrecido, grunhiu:

– Devíamos nos livrar dele!

Hovstad sacudiu a cabeça, concordando, mas ponderou:

– Desde que você saiba onde poderemos conseguir dinheiro para o papel e os gastos da impressora. Conhece?

– Não, quer dizer...

– Nem eu.

– O doutor é genro do velho Morten Kiil, o *Leitão*...

– Não o chame assim. Sabe que ele odeia este apelido!

– Mas é como todo mundo na cidade...
– Não importa. De qualquer forma, duvido que ele...
– Mas e se a filha pedir? A fortuna dele é grande e sólida e parte, como sabemos, pertencerá a ela e, logo, à família Stockmann.
– Não sei, não...
Nesse momento, Petra entrou sorridente e perguntou:
– Interrompo alguma coisa?
Os dois homens trocaram um rápido olhar de cumplicidade, Hovstad, solícito, respondendo:
– Mas é claro que não!
Billing a cumprimentou e, olhando mais uma vez para o jornalista, disse:
– Melhor eu ir redigir logo o apelo à Associação dos Pequenos Proprietários de Imóveis.
Desapareceu atrás de uma porta à direita da impressora.
– Vim devolver-lhe o livro que o senhor me pediu para traduzir – informou, aceitando e sentando-se na cadeira que o jornalista lhe ofereceu junto à sua escrivaninha.
– Não vai traduzi-lo? – espantou-se ele.
– Infelizmente não posso.
– Ué, por quê?
– Ora, senhor Hovstad, esse livro nada tem a ver com o *Voz do Povo*.
Um sorriso de indulgência emergiu dos lábios finos de Hovstad.
– Concordo, senhorita, mas um redator de jornal muitas vezes tem que aprender a transigir, particularmente se tal transigência num assunto de pouca ou nenhuma importância nos proporcionar certos dividendos...
– Confesso que não entendi.
– Politicamente somos uma publicação revolucionária e à qual muitos atribuem uma certa linha incendiária. No entanto, se publicamos algo moralista, como a história que lhe pedimos para traduzir,

conseguimos atenuar tal impressão e estaremos em condição de ver o povo aceitando nossas ideias políticas com mais facilidade – um risinho matreiro iluminou o rosto de Hovstad quando acrescentou: – ainda mais se colocarmos um ao lado do outro.

– Precisa realmente se valer de tais artifícios para conquistar seus leitores? O senhor...

– Nós, jornalistas, pouco representamos numa sociedade como a nossa, senhorita!

– Não se diminua desta maneira, senhor Hovstad. A imprensa é importante e o senhor, em particular, agora que está defendendo uma grande causa como a de meu pai... – Petra entusiasmou-se e pestanejava repetidas vezes, os olhos fixos em Hovstad. – Não imagino papel mais vital para um homem do que ser capaz de abrir as portas da verdade e do progresso para seu semelhante, a defesa da honra, da honestidade e da ética principalmente na administração pública...

– Sinto-me lisonjeado, senhorita...

– Poucas missões seriam tão grandiosas quanto a defesa corajosa de toda e qualquer pessoa humilhada ou perseguida, particularmente quando tal pessoa é um homem honrado e honesto...

– Quando esse homem é seu pai, senhorita Petra!

A jovem ficou encarando Hovstad piscando nervosamente, um olhar confuso mas defensivo, como se procurasse ou pelo menos se esforçasse para escapar de algo inesperado e bem desagradável.

– Não entendi... – admitiu. – Entendi mal ou o senhor não persegue somente a verdade e o grande e generoso coração de meu pai?

– Também!

Petra recuou instintivamente, constrangida, os olhos arregalados diante da constatação de que Hovstad, insinuante e sorridente, escondia outros sentimentos por trás de suas palavras, um interesse insidioso e dos mais vis.

– Basta! – protestou, levantando-se. – Confesso que esperava outra coisa do senhor ou daquilo que imaginava fosse realmente o senhor. Vejo que me equivoquei...

Hovstad colocou-se entre ela e a porta, esforçando-se para aprisionar-lhe as mãos entre as suas, e dizendo:

– Que pecado terrível estou cometendo, senhorita? Tudo o que fiz até agora, o fiz...

– Agora percebo por que o fez. O senhor enganou meu pai e quase me enganou também.

– Por favor, senhorita...

– Isso é imperdoável, imperdoável realmente...

– Não devia tratar-me desta maneira, sabia? Não agora que...

– Por que não?

– Porque agora seu pai precisa e precisa muito de mim!

Petra calou-se por um instante, muda de espanto, as faces rubras e trêmulas. Olhou-o de cima a baixo, medindo-o vagarosamente com os olhos antes de fixá-los nos dele, transbordantes de desprezo.

– Então o senhor na verdade é assim, senhor Hovstad – disse. – Meu Deus, mas que criaturinha mais desprezível o senhor é...

Virou-lhe as costas e nem sequer parou para ouvir o jornalista de maneira titubeante e perceptivelmente envergonhada continuou dizendo enquanto procurava alcançá-la. Por fim, colocou a porta entre ambos, distanciando-se apressadamente pela calçada. Ele agarrou-se com raiva à maçaneta e ainda chegou a girá-la, pensando em ir atrás dela. Nesse instante, a voz sibilante e maledicente de Aslaksen o alcançou, detendo-o e fazendo com que se voltasse para encontrá-lo sorridente ao lado da impressora.

– Problemas? – a pergunta soou desnecessária, uma forma de zombar de seu pequeno porém retumbante infortúnio amoroso.

– Nada que lhe diga respeito – resmungou Hovstad. – Quer alguma coisa?

– Eu não, mas o prefeito certamente quer.

Hovstad surpreendeu-se:

– O que me diz, homem? O prefeito está aqui?

– Sim, na minha sala. Ele acabou de entrar pela porta dos fundos – outro risinho debochado de Aslaksen. – Ao que parece, não queria ser visto com a gente... somos a oposição ou não somos?

Hovstad fez uma careta de contrariedade.

– Engraçadinho!

CAPÍTULO 3

Olharam-se, Hovstad e Peter Stockmann. Silêncio. Intimidadora animosidade. Olhos fixos de dentro dos quais lampejavam uma poderosa hostilidade. Mais do que adversários, eram inimigos, inimigos formidáveis estudando-se na quietude aparente da sala abarrotada de maços de papel amarelecido, livros, muitos e muitos livros, livros de todos os tamanhos e procedências, empoeirados, uns poucos já cobertos por festões de teias de aranha, denunciando um certo abandono ou pelo menos pouco uso. Receio. Temiam-se e, em razão de tão irremovível temor, hesitavam em dizer a primeira palavra, desferir o primeiro golpe e, por causa dele, receber um ainda maior e potencialmente definitivo, devastador. Impasse.

– Surpreso, senhor Hovstad? – perguntou o prefeito.

Hovstad sacudiu a cabeça e admitiu:

– Nunca esperei vê-lo aqui...

Peter acenou com uma das mãos e disse:

– Mas acredito que faz ideia do que me trouxe...

– Na verdade, senhor prefeito...

– Passei por um grande aborrecimento hoje pela manhã com o médico do balneário – Peter Stockmann não o deixou falar, inquieto, como se sentisse uma grande necessidade de desabafar, livrar-se daquilo que aparentemente o atormentava tanto ou pelo menos o aborrecia profundamente. – Ele apresentou um relatório à administração do balneário enumerando vários problemas em nossas águas...

– Verdade?

Peter lançou um olhar desconfiado para o jornalista.

– Ele não lhe disse nada? – questionou.

– A bem da verdade, o doutor falou qualquer coisa, mas sinceramente...

A porta se abriu e de repente Aslaksen entrou, os olhos apertados, cintilantes de curiosidade, indo de um para o outro, antes que os fixasse no jornalista e dissese:

– Eu preciso do manuscrito...

– Deixei em cima da escrivaninha – informou Hovstad, deixando transparecer que a súbita intromissão muito o aborrecia. – Mas ainda não tive tempo de lê-lo com cuidado...

Ao ver o punhado de papel que ia das mãos de Hovstad para as do impressor, Peter Stockmann agitou-se na cadeira e, apontando-o, falou:

– Era justamente sobre isso que gostaria de lhe falar...

– Ah, é o artigo do doutor – informou Aslaksen, fingindo inocência, exibindo-o para o prefeito.

– Foi isso que o trouxe até aqui? – Hovstad deteve o impressor com o braço e o empurrou na direção da porta, colocando-se entre ambos por trás de um largo e astucioso sorriso.

Olhando para Aslaksen por sobre o ombro direito do jornalista, Peter quis saber:

– Vai publicá-lo?

– Como o senhor prefeito mesmo sabe, não participo de nenhuma decisão dentro do *Voz do Povo*, mas simplesmente o imprimo... – rapidamente, Aslaksen esgueirou-se pela fresta da porta entreaberta e saiu, tomando o cuidado de fechá-la atrás de si.

Peter, no entanto, o impediu, quase uma súplica. O impressor voltou, evidentemente tomando-se de cuidados para esquivar-se do olhar contrafeito de Hovstad, que, em tudo e por tudo, dava a impressão de estar bastante interessado em ficar a sós com Peter Stockmann, apesar de esforçar-se ao máximo para aparentar o contrário.

– Em que posso ajudá-lo, senhor prefeito? – perguntou.

– Eu o tenho por um homem sensato – elogiou Peter.

– Gosto de acreditar que realmente o seja...

– É também pessoa influente, em especial entre aqueles que fazem parte de nossa classe média. Eles o ouvem e, como bem sabemos, sendo os mais numerosos em nossa sociedade, são eles também que decidem.

– Realmente...

– Portanto, como profundo conhecedor dessa ponderável parcela de nossa sociedade, saberia nos dizer o que eles pensariam sobre gastarmos mais de duzentas mil coroas nas tais obras propostas por nosso médico?

Aslaksen espantou-se:

– Tudo isso?

– São cálculos preliminares, e como fica claro, queiramos ou não, teremos que nos valer de um empréstimo junto à Prefeitura ou...

– Como é que é? Sangrar ainda mais os cofres municipais? Isso vai acabar nos trazendo mais aumento de impostos!

– Mas de onde tiraríamos o dinheiro para...?

– Isso é problema dos acionistas do balneário e não da população!

– Eles não têm como desembolsar mais dinheiro, meu amigo. Portanto, se formos levados a realizar as tais obras, a conta, por sinal das mais salgadas, será paga pela cidade. Pra piorar, naturalmente enquanto estivermos em obras, o balneário ficará fechado...

– Por quanto tempo? – Aslaksen olhou apreensivamente para o jornalista a seu lado.

– Ah, eu calculo pelo menos uns dois anos.

– Dois anos? Nós, proprietários de imóveis, iremos à falência!

– Infelizmente, e serei franco com vocês: duvido muito que, mesmo depois das obras, os veranistas apareçam por aqui. Depois que toda essa história de que nossas águas estão poluídas se espalhar, quem, em sã consciência, porá os pés em nosso balneário? Quem terá coragem de se banhar em água podre?

– Será que toda essa história do doutor não tem uma certa dose de exagero? – questionou Aslaksen. – Quer dizer...

– Sei bem o que quer dizer, meu amigo. Esqueceu-se de que ele é meu irmão? Thomas sempre foi um desmiolado... – Peter Stockmann virou-se para Hovstad e indagou: – Acreditou nele, não é mesmo? Não, não se culpe. Meu irmão sabe ser convincente quando quer...

– Os relatórios me pareceram... – Hovstad procurou se esquivar a qualquer responsabilidade. – Quer dizer...

– Foi por isso que, já antevendo os possíveis estragos que o relatório que ele elaborou e os muitos artigos que escreveria sobre o assunto causariam, redigi uma breve exposição sobre o caso. É um trabalho absolutamente imparcial e nele, inclusive, indico as obras que poderemos realizar de momento sem ultrapassar os recursos disponíveis nos cofres do balneário – Peter Stockmann pôs-se a revirar os bolsos do paletó. – Mas eu podia jurar que tinha uma cópia aqui comigo...

Aslaksen e Hovstad entreolharam-se, excitados e nervosos. Tensos e até embaraçados, o impressor demonstrando que bastaria ver alguma coisa se materializar nas mãos do prefeito para, mais do que depressa, sugerir a sua publicação no lugar do artigo de Thomas Stockmann. Suava muito. Esfregava as mãos uma na outra e olhava de um extremo a outro da sala, como se acreditasse que o pequeno pedaço de papel que o prefeito alegara trazer num dos bolsos tivesse caído em algum ponto da apertadíssima sala. Alarmou-se ao ver, através da frincha da porta entreaberta, a porta da frente se abrir para que o médico entrasse.

– É o doutor! – quase gritou. – Ele voltou!

CAPÍTULO 4

– Já de volta, doutor? – indagou Hovstad, achegando-se a Thomas.

– Estou ansioso para revisar as provas de meu artigo... – informou o médico.

– Mas eu ainda não terminei... – desculpou-se Aslaksen.

Calou-se quando a porta da rua mais uma vez se abriu e Catarina entrou. Pálida e nervosa, ela aproximou-se e, virando-se para o marido, resmungou:

– Eu sabia que o encontraria aqui!

Hovstad ainda tentou cumprimentá-la, mas Catarina o alcançou com um olhar de grande irritação e reclamou:

– Não devia arrastar meu marido para as suas revoluções, senhor Hovstad!

– Mas minha senhora...

Thomas Stockmann irritou-se.

– Mas o que é isso, mulher? Acaso sou alguma maria vai com as outras, que se deixa levar assim, sem mais nem menos? – calou-se bruscamente, a atenção atraída para a saleta cuja porta Aslaksen, muito sutilmente, se esforçava para fechar. – Mas o que é aquilo? – afastou-o e entrou, os olhos fixos sobre um boné que jazia sobre uma mesa abarrotada de livros. Apanhou-o e, segurando-o entre o polegar e o indicador, perguntou: – Não reconhece?

– O boné do prefeito... – gemeu Catarina, mais assustada do que surpresa, dirigindo um olhar de perplexidade para Hovstad e Aslaksen.

A bengala de castão dourado encostada num dos lados da cadeira em frente à mesa também pertencia a Peter Stockmann.

Thomas a apanhou e, virando-se para os dois homens, questionou:

– Ele veio suborná-los?

Hovstad abriu os braços num gesto patético de desconsolo e disse:

– Pois é...

– Olha, doutor... – Aslaksen ainda esforçou-se para argumentar, mas o olhar incisivo, até intimidador, do médico o calou.

– Acredito que nenhum dos dois se deixará comprar por... – Thomas colocou o boné na cabeça e, brandindo a bengala, brincou: – Por um chapéu sem graça e sem dono? – perseguiu o olhar apreensivo que o impressor dirigiu à porta nos fundos da sala apertada. Sorriu debochadamente e afirmou: – Você tem muitos defeitos, meu irmão, mas nunca soube que tivesse cultivando o hábito de fugir. Não comece agora. Saia logo daí!

Peter Stockmann atendeu-o, escancarando-a com raiva e saindo aos berros:

– Devolva o meu boné e a minha bengala!

O médico atendeu-o, sorridente, dizendo:

– Resolveu lutar contra mim às escondidas, meu irmão? Acha mesmo que conseguirá corromper esses homens? Pois posso lhe assegurar que nada conseguirá! Todas as forças populares me seguirão a partir de amanhã e meus amigos Hovstad e Aslaksen transformarão seu jornal em nossa voz.

Peter devolveu-lhe o sorriso enquanto apanhava o boné e a bengala. Olhando de esguelha para o jornalista às suas costas, perguntou:

– Isso é mesmo verdade, Hovstad? Acompanharia agitadores em suas lutas revolucionárias?

Hovstad esquivou-se do entusiasmo que lampejava no olhar ardente de Thomas e, de cabeça baixa, respondeu:

– Não, senhor prefeito.

– Nenhum de nós seria capaz de arruinar-se e arruinar o jornal que conduz com tanto sacrifício para lançar-se a aventuras de qualquer tipo, sem ter certeza de... – Aslaksen recitava suas palavras como se alguém as sussurrasse em seus ouvidos, olhos fitos em Thomas Stockmann.

O médico olhou para um e para outro, incrédulo.

– Como é que é?

– Tentou nos usar, doutor... – disse Hovstad, vacilante.

– Não estou entendendo...

– ... quis se valer do *Voz do Povo* para apresentar teorias não comprovadas e iniciar uma luta pelo poder com seu irmão, o prefeito. Desse modo, claro, não podemos apoiá-lo.

Billing, que caminhava ao lado do prefeito desde que ambos haviam saído de sua sala, acrescentou:

– Nenhum de nós!

Thomas encarou-o, mudo de incredulidade.

– Depois que o senhor prefeito nos apresentou suas explicações sobre o problema, ficamos sem condições de... de...

– Não, não! – protestou o médico. – É tudo mentira! Publiquem meu artigo e eu estarei em condições de apresentar todas as provas e evidências, pois a verdade está comigo...

– De modo algum, doutor! – disse Hovstad. – Não publicaremos nada que o senhor escreva de hoje em diante. Não tenho coragem...

– Mas que absurdo está dizendo, meu amigo? O jornal é seu...

– Não, doutor, o jornal pertence aos assinantes – esclareceu Aslaksen. – A opinião pública manda aqui e a opinião pública são os donos de casas, a classe média e todos os proprietários, todas as pessoas esclarecidas que condenam veementemente os seus artigos e relatórios que poderão levar nossa cidade à ruína!

– Estão todos contra mim?

– Não, meu irmão, contra o que você escreve – Peter Stockmann retirou do bolso uma folha de papel e, depois de desdobrá-la com cuidado, ofereceu-a a Hovstad, perguntando: – Essa é a nota oficial que escrevi para esclarecer a população sobre o que está acontecendo. Vai publicá-la, não vai, senhor Hovstad?

– Não se preocupe, senhor prefeito – disse o jornalista.

Thomas Stockmann sacudiu a cabeça e um sorriso indulgente curvou-lhe os lábios quando disse:

– Parece que você não me conhece, meu irmão. Acha mesmo que impedir-me de publicar meu artigo no *Voz do Povo* bastará para me calar?

Peter entreolhou-se com o jornalista e o impressor e devolveu-lhe o sorriso, um ar de arrogante autoconfiança emoldurado no rosto largo.

– Acredito que sim – respondeu.

– Pois equivoca-se por completo – o médico virou-se para Aslaksen. – Pagarei para imprimi-lo. Faça uma tiragem de quinhentos exemplares de meu artigo, senhor Aslaksen!

– Dinheiro nenhum do mundo me fará cometer tamanha loucura, doutor! – protestou o impressor, resoluto. – E em toda cidade o senhor não encontrará quem o imprima. Não podemos ir contra a opinião pública! As consequências de tamanha temeridade seriam inimagináveis!

– Pois convocarei uma grande assembleia do povo e o lerei para todos!

– E onde o fará? Ninguém lhe cederá um espaço para...

Catarina agarrou-se ao marido e, olhando para todos em torno de ambos, desabafou:

– Estão todos contra você, Thomas...

– Por que a surpresa, mulher? Nessa cidade não existem homens, mas apenas pessoas mais preocupadas com seus interesses, sejam lá quais forem eles, do que com a comunidade.

– Estarei sempre a seu lado, meu marido...

Thomas abraçou-a carinhosa e demoradamente, antes de voltar a encarar os homens a sua frente e dizer:

– As pessoas conhecerão meu relatório. Nem que eu tenha que sair pela cidade tocando um tambor e lendo-o em todas as esquinas.

– Você não seria louco de... – Peter Stockmann duvidou, mas percebia um certo temor na expressão anuviada de seu rosto.

– Ah, definitivamente você não me conhece, meu irmão!

PARTE QUATRO

A GRANDE REUNIÃO

CAPÍTULO 1

O grande salão da casa do capitão Horster estava cheio e, apesar disso, parecia haver sempre um espaço a ser preenchido pelas pessoas que continuavam chegando, barulhentas e ainda mais curiosas. Fumava-se e fumava-se muito. Falava-se ainda mais. Perguntas vinham de todos os lados e um ou outro entre os recém-chegados carregava um apito ou qualquer outro instrumento que servisse para aumentar o barulho e, consequentemente, a confusão.

O vaivém era confuso e incessante, passos estalando pesadamente no chão de madeira, os olhos de muitos convergindo de tempos em tempos para o estrado à direita da grande sala sobre o qual se via uma pequena mesa e uma cadeira vazia.

– E o doutor? – perguntou um dos homens que iam e vinham, apontando-a.

– Ainda não chegou – respondeu o grandalhão de vasta barba vermelha que o acompanhava e não parava de remexer os bolsos do casaco.

– É verdade que ele vai falar contra o prefeito?

– É o que dizem.

– Mas é o irmão dele!

– E desde quando isso impediu o doutor Stockmann de falar? Devo reconhecer que o homem tem coragem – ziguezagueavam por entre as cadeiras, muitas delas ocupadas por outros moradores da cidade. – Até o *Voz do Povo* não o apoiou desta vez e apenas o capitão aceitou lhe ceder este espaço. Nem os Pequenos Proprietários de Imóveis nem o Círculo dos Cidadãos quiseram abrir suas portas para seja lá o que for que o doutor tem a dizer.

– E nós? De que lado ficamos em toda essa história?

Calaram-se, um silêncio prolongado e tenso abatendo-se sobre todo o ambiente enfumaçado no momento em que Horster entrou seguido por Thomas Stockmann, a esposa e os filhos. Rapidamente, Billing abriu caminho através da multidão e sentou numa das cadeiras de uma mesa à esquerda.

– É melhor ficar por aqui mesmo, doutor – recomendou Horster, o olhar deambulando pelos rostos taciturnos e silenciosos que acompanhavam-lhes os movimentos, predadores pacientes espreitando uma vítima inquieta. – Se houver algum problema, o senhor e sua família poderão sair facilmente por ali... – apontou para uma porta atrás da mesa à direita da plateia.

Catarina abraçou-se aos filhos e, entreolhando-se apreensivamente com Petra, indagou:

– Acha que pode acontecer alguma coisa, capitão?

– Tudo é possível, senhora Stockmann, tudo é possível...

– Foi muito gentil da sua parte ceder este espaço para...

– Foi corajoso! – aduziu Petra, sentando-se. Calou-se, lançando um olhar hostil para Hovstad e Aslaksen que, misturados aos outros na plateia, sentavam-se. – Mais do que muita gente por aqui...

Um crescente alvoroço tomou conta da multidão no instante em que dela, solícito e cumprimentando aos que dele se aproximavam, emergiu o prefeito. Os olhos de Peter e Thomas Stockmann se encontraram brevemente, enquanto as vozes diluíam-se na tensão do ambiente enfumaçado.

– Por favor, Thomas, controle-se – pediu Catarina.

– Fique tranquila – acalmou-a o médico, sem desviar os olhos do irmão. – Eu saberei me controlar... – os dois subiram para o estrado, ele olhando para o relógio que tirou da algibeira, antes de encarar a multidão e dizer: – Já passou da hora. Vamos começar.

Aslaksen levantou-se e, voltando-se para a plateia, disse:

– Precisamos eleger um presidente para dirigir os trabalhos.

– Mas que bobagem é essa! – protestou Thomas. – Eu convidei as pessoas e trata-se apenas de uma conferência!

– Mesmo assim...

Um presidente! Um presidente!

Como a multidão insistisse e os primeiros apitos soassem no interior do salão, Thomas Stockmann sacudiu a cabeça num gesto de contrariada submissão.

Imediatamente, Aslaksen propôs o nome do prefeito e muitos na plateia concordaram, aplaudindo com entusiasmo. Peter Stockmann levantou-se bem lentamente e os silenciou com um gesto.

– Infelizmente, por razões bem conhecidas, devo declinar de tão honroso convite – disse. Um murmúrio de decepção elevou-se da multidão e mais uma vez ele os calou com um gesto, acrescentando: – Mas gostaria de propor o seu nome, senhor Aslaksen... aceita o convite? – como o impressor titubeasse, insistiu: – Por favor, aceite!...

Aslaksen anuiu e, subindo para o estrado, voltou-se mais uma vez para a plateia, proclamando:

– Na qualidade de presidente desta assembleia, gostaria de pedir a todos que procurem se manter o mais calmos e tranquilos possível. Nada de ânimos exaltados ou grosserias de qualquer ordem, recomendação que, obviamente, serve também para o honrado cidadão que convocou esta reunião.

– Eu não pretendia fazê-lo de outra forma – garantiu Thomas, contrafeito, retirando um punhado de folhas de papel do bolso interno do paletó.

– Alguém quer usar a palavra? – perguntou Aslaksen. – senhor prefeito?

– Como todos sabem, sou irmão do médico da Estação Balneária e sinceramente preferia não dizer nada hoje à noite. Entretanto e pensando unicamente no bem de nosso balneário e da cidade que dirijo, penso que não posso nem devo me abster de fazer o seguinte pedido: que nenhum boato ou rumor tendencioso sobre a situação sanitária...

Thomas Stockmann inquietou-se:

– Ei, espere um pouco!

Aslaksen o repreendeu com severidade:

– Terá a sua vez, doutor! O que estava dizendo, prefeito?

– Espero que a assembleia não autorize o médico do balneário a ler o seu relatório ou a emitir qualquer opinião sobre a situação sanitária de nosso balneário ou de nossa cidade!

– Mas que absurdo! – gritou Thomas. – Você enlouqueceu, Peter?

– No jornal *Voz do Povo* tudo o que poderia e deveria ser dito sobre o assunto já o foi, e não acredito que exista qualquer outra coisa que interesse a população...

– A população ou a você, meu irmão?

– Senhores... – resmungou Aslaksen.

– Qualquer um, depois do que leu hoje pela manhã, concordará comigo que o relatório do médico, além de insinuar que aqueles que dirigem nossa cidade são incompetentes ou corruptos, tantas são as ilações e conjecturas apresentadas, só nos levará a um gasto inútil e por demais oneroso aos contribuintes.

Um grande alvoroço espalhou-se rapidamente entre os presentes, um ou outro soprando vigorosamente os apitos que carregavam nos bolsos ou batendo com força os pés no chão. Inutilmente Aslaksen insistia para que se calassem e por fim, o rosto rubro de raiva, berrou:

– Aprovo a sugestão do prefeito e mais: vejo na convocação do doutor interesses outros que passam longe do bem-estar de nossa comunidade e de nosso balneário. Para falar a verdade, apesar de considerá-lo um homem honrado, neste momento o tenho por um sonhador interessado somente em fomentar revoluções e transformações que, a começar por nossa pacata comunidade, custariam demasiado dinheiro aos cidadãos e só nos trariam a ruína.

Nesse momento, Hovstad se levantou.

– Admito que no início apoiei as ideias revolucionárias do doutor Stockmann – admitiu. – Mas ao notar que estávamos sendo iludidos em nossa boa-fé...

– Não acredito... – Thomas Stockmann encarou-os, boquiaberto.

– ... defendo o progresso e a democracia, e ambos devem servir a coletividade e não apenas aos caprichos de um homem. O doutor Stockmann parece não ter em conta ou não quer entender que no momento tem contra si a vontade da maioria. Diante disso, pode um jornalista ir contra a vontade de toda uma comunidade? Pode, até egoisticamente, voltar-se contra o leitor e acompanhar um único homem em seus desvarios de grandeza? Na verdade, se dou esse testemunho é na esperança de que ele recobre sua sanidade e, antes de pensar em si mesmo, pense em sua família, pense na felicidade de sua esposa e nos seus filhos – Hovstad desviou o olhar por um segundo para Petra, que continuou encarando-o, os olhos faiscantes, iluminados por uma centelha de indescritível desprezo que por fim o levou a se sentar, mudo de constrangimento.

– Proponho pormos a proposta do prefeito em votação! – gritou Aslaksen, nervoso, enquanto a plateia se multiplicava em gritos, assobios e gestos ameaçadores na direção de Thomas Stockmann.

– Não falarei mais nada hoje sobre essa porcaria que infecta nossas águas, mas como cidadão e apenas como cidadão, aquele que homem ou lei ou proposta alguma pode ou tem força para calar, quero dar a minha opinião... – Thomas Stockmann tremia incontrolavelmente.

Foi xingado. Exigiram que se calasse.

Ignorou-os e continuou falando:

– Quase enlouqueci nos últimos dias de tanto pensar, mas finalmente as coisas se tornaram tão extraordinariamente claras e simples diante de meus olhos que quase chorei de emoção...

Louco! Bêbado!

Gritos exigiam que nada dissesse acerca do balneário ou das águas infectadas.

– Nada direi, até por que tenho coisa muito mais importante a dizer nesta noite! – garantiu. – Depois de tanto pensar, descobri algo muito mais assustador e terrível. Sabem o quê? Como posso falar de águas infectadas quando nossa sociedade inteira chafurda num grande atoleiro de mentiras e interesses inconfessáveis? Que coisa pode ser pior para uma sociedade do que descobrir que as torneiras trazem águas limpas e tratadas mas que suas fontes morais foram envenenadas pela corrupção e por outros tantos interesses que amesquinham o coração até do mais decente dos homens.

Silêncio.

De um momento para o outro, olhos espantados fixaram-se na figura melancólica e infeliz de Thomas Stockmann.

– O que está insinuando, meu irmão? – inquietou-se Peter.

– Ele está nos insultando! – berrou Hovstad.

– Sempre amei minha cidade – continuou Thomas, imperturbável. – Mesmo nos muitos anos em que estive longe dela, à mercê das maiores dores e dificuldades, partilhando de sofrimentos e lares alheios, nunca a esqueci. Jamais a tirei de minha mente e nenhum de vocês se atreva a dizer que não a amo. Entre todos os sonhos e desejos que animavam minha alma estava o de voltar para cá e trabalhar por seu bem, o seu e o de sua gente. Acredito que foi exatamente por causa desse amor desmedido que até o dia de ontem eu ainda acreditava que alguém me ouviria ou estaria interessado no que quer que eu quisesse dizer. Nossa, que coisa monstruosa é a irresponsabilidade de todos os que detêm o poder em nossa cidade!

– Não resta a menor dúvida agora! – reclamou Peter. – Ele está nos ofendendo!

– Agarram-se aos seus tolos jogos de poder. O poder pelo poder e nada mais. Destruir e apenas destruir. Nenhuma imaginação. Nenhuma preocupação sincera com o destino de nossos cidadãos, mas única e exclusivamente em ter o poder, mantê-lo a qualquer preço e se valer dele para seus interesses inconfessáveis. Quisera eu ter força ou capacidade para extirpar a todos como um tumor maligno num corpo forte e sadio.

– Como pode tolerar tais palavras, senhor presidente? – protestou o prefeito, enquanto os murmúrios de perplexidade iam crescendo numa maré incontrolável à sua volta.

– Não me perdoo por ter sido ingênuo e não ter me dado conta de tudo isso antes. Como foi que, mesmo convivendo com essa gente todos esses anos, não percebi...

– Por favor, senhor presidente!... – Hovstad olhava, constrangido, de um lado para o outro. – Esse homem está expondo todos nós ao ridículo!

Aslaksen virou-se para Thomas Stockmann, censura nos olhos empapuçados, mas antes que dissesse qualquer palavra, a menor advertência, o médico gesticulou apaziguadoramente e prometeu:

– Não se preocupem. Nada mais falarei sobre nossos governantes ou sobre aqueles que os servem ou se servem deles. Há algo ainda pior e mais daninho do que essa gente, até porque todos são passageiros. Mais cedo ou mais tarde, acabarão por si mesmos e, espero, sem deixar vestígios. Acalmem-se, senhores! Vocês não são a coisa mais perigosa para a nossa sociedade. Não são os seus atos ou a falta de ação de vocês que realmente se constituem em perniciosos inimigos da sociedade e de seu progresso. Os verdadeiros destruidores dos bons valores, os tenebrosos inimigos da verdade e da liberdade!...

– Quem são? – perguntou alguém de dentro da confusão que tomara conta da plateia inquieta e barulhenta.

— A maioria, senhores. A opinião pública. Essa massa silenciosa e covarde, que teme tudo, que prefere o fácil, que se esconde atrás dos oportunistas e malandros de toda ordem, que preferem a ordem a qualquer preço e a qualquer custo, que se recusa a ouvir a verdade... que só a aceita e concorda com ela quando esta se mostra conveniente!

A multidão pôs-se a ameaçar, xingar e gritar. Punhos cerrados vibravam sentimentos preocupantes no ar enfumaçado. Aqui e ali, rostos cansados de velhos silenciosos contemplavam a confusão e olhavam para Thomas Stockmann com uma expressão divertida dissimulada nas muitas rugas que o tempo cavara em seus olhos que pareciam concordar com o que o médico dizia.

— Retire isso! Retire isso! — protestava Aslaksen.

— Absolutamente! — obstinou-se Thomas. — Acaso estou mentindo? Não é a maioria que exige que eu me cale? Que me toma a liberdade de dizer o que penso e que sei ser a verdade?

— A maioria sempre tem razão! — gritou Hovstad, fora de si.

— A maioria sempre tem razão! — ajuntou Billing, mais por medo do que por convicção.

Thomas Stockmann gargalhou barulhentamente, calando a multidão por uns instantes.

— A maior de todas as mentiras já dita neste mundo, meus amigos! — garantiu. — A maioria nunca tem razão! Todo homem livre deve combater ferozmente certeza tão descabida!

— Você só pode ter enlouquecido, meu irmão! — disse Peter.

— A maioria por vezes até tem o poder, mas não a razão. Ela grita mais alto, mais forte, oprime sem dó nem piedade, mas o direito está no coração daquele que diz a verdade ou luta por aquilo em que acredita a despeito de todas as evidências em contrário. De hoje em diante, dedicarei cada segundo de minha vida a combater essa verdade ilusória de que a razão está sempre com o povo e a maioria. Que sentido tem as verdades proclamadas pela massa quando sabemos que a massa é manobrada pelos jornais e pelos poderosos?

— Então não existe a verdade, doutor? – questionou Hovstad, irritado.

— Não com a longevidade que todos acreditam ou querem desesperadamente acreditar que ela tenha – disse Thomas. – A verdade é coisa passageira, e quando dura tempo demais, o suficiente para que as pessoas se agarrem a ela e se recusem a ouvir qualquer opinião em contrário a ponto de lutarem para silenciar as vozes que discordam de seus pontos de vista, nada mais é do que uma falsidade, uma mentira. A vida é dinâmica, nós somos dinâmicos, pois somos transitórios. A verdade também o é. Verdades antigas nada mais são do que mentiras que a acomodação ou o jogo de interesses, o medo do desconhecido, nos levam a venerar como a um deus.

— Você não está dizendo coisa com coisa, Thomas – argumentou Peter Stockmann. – Fugiu totalmente ao assunto...

— Muito pelo contrário, meu irmão. Ainda estou nele. Nunca me afastei um milímetro sequer. Pois não é verdade que é a maioria, a massa de medrosos, acomodados e coniventes, que envenena as fontes de nossa vida e infecta até o solo em que pisamos?

— O senhor está fazendo toda essa confusão apenas porque a maior parte de nós não é tão revolucionária quanto o senhor e só dá valor a verdades certas e reconhecidas? – indagou Hovstad.

— E onde já se viu verdades certas e reconhecidas? Não existe nada mais precário do que a verdade, nada mais incerto do que a verdade. Verdades imutáveis são aquelas em que acreditamos, mas que não são necessariamente verdades. Quer um exemplo? Nada mais mentiroso do que essa que lhes apresentei...

— Qual? A que fala que o poder está ou deve estar com a massa? Então o senhor é um aristocrata, doutor? Não acredita que o povo?...

— O povo nada mais é do que um joguete, um brinquedo nas mãos do senhor e do seu jornal, senhor Hovstad. Quando o senhor lhes diz que eles são a maioria, nada mais é do que um truque sórdido, uma maneira de manipular cada um deles e tirar vantagens...

— Então a plebe não deveria ter voz nem vez? – perguntou Hovstad.
— Sou filho de camponeses e me orgulho de ter minhas raízes nesse povo que o senhor está insultando...

— Pobre Hovstad! Acusa-me de ser mais emoção do que razão, mas até o momento o único que está se valendo da razão para alguma coisa, sou eu!

— Ah, quer dizer que também sou idiota?

— Não, idiota com certeza o senhor não é. Medroso, talvez, mas não idiota. Mas compreende pouco. Quando digo plebe, não falo apenas das classes menos favorecidas. A plebe está em todo lugar, até mesmo entre os privilegiados, entre os ricos... – apontou para Peter e pediu: – Dê uma boa olhada no meu irmão.

Peter Stockmann inquietou-se:

— O que tem eu?

— Rico, elegante, cheio de bons modos, e no entanto, mais plebeu do que muitos aqui presentes. E por quê? Porque não tem opinião sobre nada, não pensa, e quando abre a boca diz o mesmo que seus superiores. Aquele que não pensa, permite que outros pensem por ele, fala pela boca de outros, é mais miserável do que o mais miserável que possamos encontrar na sarjeta. Somente o coração sincero que não teme dizer o que pensa, pois antes de tudo pensa, é capaz de transformar o seu destino, é livre para viver sua própria vida e construir-se moral e materialmente.

— Você é o grande mal dessa cidade, Thomas! – gritou Peter Stockmann, brandindo ferozmente o indicador na direção do médico.

— Não, meu irmão... – disse ele. – O verdadeiro grande mal é a pobreza, são as miseráveis condições de vida a que confinamos muitas pessoas, e principalmente aqueles que causam tudo isso: os poderosos, os mesquinhos, os interesseiros...

— Não somos assim! – protestou Aslaksen. – Você não pode nos acusar de...

— Não? Mas não são vocês, todos vocês, que estão pensando em construir sua prosperidade sobre uma grande extensão envenenada e pestilenta? Não são vocês que mentem, distorcem e se acomodam pela conveniência de bolsos cheios e consciências vazias?

Cassem-lhe a palavra!

Depois que a primeira voz indignada e enfurecida na multidão exigiu que o silenciassem, outras se juntaram a ela numa gritaria infernal e sem controle.

— Ninguém pode me impedir de falar ou dizer a verdade! — garantiu Thomas Stockmann, obstinado, sustentando-lhes o olhar. — Procurarei outros jornais! Imprimirei um folheto onde o poder da prefeitura e dos acionistas do balneário não tiverem força para me alcançar ou me calar...

— Ele quer arruinar a nossa cidade! — gritou Hovstad.

— O senhor já passou dos limites, doutor! — protestou Aslaksen.

— Quem faz o que o senhor faz, só pode ser identificado como um inimigo do povo! — insistiu o jornalista.

— Uma comunidade que vive e protege mentiras, que chafurda na lama da corrupção e na conivência com a impunidade, que não se preocupa com a vida de outros, que está disposta a enriquecer com a desgraça dos inocentes que vieram se banhar nas águas infectadas do balneário, não merece destino melhor do que a destruição. Todos aqueles que vivem de mentiras devem pagar um preço justo por isso, antes que contaminem a outros com... com...

— Está falando como um inimigo do povo, doutor! — gritou alguém na multidão.

Billing acercou-se do estrado sobre o qual se encontrava o médico e insistiu:

— Ouviu isso, doutor? Essa é a verdadeira voz do povo!

Inimigo do povo! Inimigo do povo!

A multidão estava enlouquecida. Gritava e gritava sem controle algum, os mais exaltados arremetendo ao encontro do estrado, o que levou Horster a colocar-se corajosa e protetoramente à frente de Catarina e seus filhos, os punhos cerrados.

– Não devia alugar sua casa para esses loucos, Horster! – afirmou um homem gordo e rubincudo, mastigando um pequeno charuto fumacento no canto da boca.

– A casa é minha e eu faço com ela o que bem entender! – replicou o marinheiro, empurrando-o.

Dois ou três outros grandalhões, insuflados por Billing, exigiram que se votasse a cassação da palavra do médico e a determinação de considerá-lo um inimigo do povo. Votação rápida e condenação implacável por ser também unânime.

– Pela unanimidade dos votos, nós o consideramos um inimigo do povo, doutor – declarou Aslaksen.

Em seguida, encerrou a assembleia, a multidão abandonando rapidamente o salão.

– Apedrejem o inimigo do povo! – gritou alguém.

– Vamos expulsá-lo da cidade! – ajuntou outro.

Até mesmo Morten Kiil, sogro de Thomas, discutiu com o médico, incomodado pelo fato de os moinhos terem sido responsabilizados pela poluição das águas do balneário.

– Seria melhor sairmos pela porta dos fundos, Thomas – ponderou Catarina ao perceber que muitos dos moradores da cidade se amontoavam na frente da casa de Horster, um ou outro com ar beligerante e pedras nas mãos.

– Nem pensar – replicou o médico. – O inimigo do povo vai sair pela porta da frente e ao encontro daqueles que tanto o odeiam!

Saíram.

Silêncio cortante.

Olhares ameaçadores.

Inquietação.

Eilif e Morten aninharam-se protetoramente entre os braços do pai, Petra e a mãe juntando-se a eles, Horster marchando dois ou três passos à frente, abrindo caminho para que todos passassem através da multidão que continuou espreitando-os demoradamente, até que as primeiras pedras começaram a despejar-se sobre o pequeno grupo. Não muitas. Pequenas. Acompanhadas por uma gritaria infame e interminável...

Inimigo do povo! Inimigo do povo!

Petra chorava. Catarina esforçava-se para não fazê-lo, consolando os filhos que tremiam entre ela e o marido. Horster insistiu para que acelerassem o passo, mas Thomas Stockmann, imperturbável, não o ouviu ou não se importou. Pior, bem pior do que as pedras que o atingiram na cabeça ou que o sangue que escorria de um pequeno corte na orelha direita, apenas a ingratidão de um ou outro que lhe atirava pedras e um pouco antes batera à sua porta em busca de ajuda, ajuda que recebera e pela qual não pagara.

Dor profunda. Irreparável. Invencível.

PARTE CINCO

CONVICÇÕES

CAPÍTULO 1

Apesar de tudo o que foi feito de errado, há o certo, a certeza de que se mudou algo ou pelo menos se criou a consciência de que algo pode ser mudado ou transformado, que o erro pode ser corrigido a partir da própria convicção de que o erro existiu mas não foi forte o suficiente para abater, desanimar ou criar a certeza de que nada pode ser mudado, que vai ser sempre do mesmo jeito. Algo mudou só porque começamos a crer que pode ou deve ser mudado. Que não precisa ser assim. Que pode ser de outro jeito. Pode ser mais honesto. Não precisa ser desonesto ou pelo menos se valer dos mesmos métodos escusos de sempre para se conseguir alguma coisa. Acredito que ainda somos poucos, mas se a consciência existe e se a indignação cresce no coração do justo, seremos muitos muito em breve. Não unânimes, pois a unanimidade é o veneno que mata o questionamento, a dúvida fértil que alimenta as almas inquietas e dispostas e sempre abertas para o novo, para a dúvida que constrói. Mesmo assim, no fim de tudo, da grande batalha que é a luta permanente pela verdade e justiça, pela liberdade, sairemos melhor de toda essa situação, pois acabaremos saindo mais tolerantes e conscientes de que a diferença e a divergência são condições inerentes ao próprio ser humano. Como a busca pela verdade.

Thomas Stockmann leu e releu o que escrevera várias vezes. Pensou em assinar outras tantas. Quis mudar uma ou outra palavra. Leu novamente. Não gostou de uma ou outra frase. Pensou. Leu. Pensou mais um pouco. Ficou olhando durante bastante tempo a folha de papel que tinha nas mãos. Por fim, assinou e respirou forte e demoradamente, como se tivesse retirado um grande peso dos ombros.

Decepção ainda recente no rosto cansado. Olheiras profundas. Olhos estriados de vermelho, insones. Os cabelos despenteados, o nó da gravata frouxo no pescoço, feições encovadas como se tivesse emagrecido muitos e muitos quilos nas poucas horas que se seguiram à tumultuada assembleia na casa do Capitão Horster.

Inacreditável. Realmente inacreditável.

Tudo ainda lhe parecia um grande pesadelo, o maior que já enfrentara. Os rostos, as expressões ferozes, assustadoramente hostis, iam e vinham como lembranças que mais decepcionavam do que revoltavam ou o deixavam triste. Rostos conhecidos. Dias antes e nada além de uns poucos dias, rostos amigos, bocas que não se abriam para vociferar injúrias e ameaças mas para despejar sobre ele palavras de agradecimento e sincera admiração.

Tudo mudara repentinamente. Assustava.

Sentia-se um estranho na cidade que tanto amara. Pior, sentia-se odiado, um inimigo a ser perseguido e hostilizado, estigmatizado como um mal terrível a ser extirpado o mais depressa possível.

Não tinha mais amigos ou se os tinha, poucos tinham coragem suficiente para se colocarem entre ele e a população enfurecida. Até entre os familiares, os sentimentos eram contraditórios.

Catarina jazia, confusa e amedrontada, num mundo de contradições permanentes, ora oscilando favoravelmente às vozes ponderadas de gente como Aslaksen, ora perfilando-se corajosamente ao lado do marido, mesmo aparentando não partilhar por completo de suas convicções. Os filhos menores brigavam frequentemente com os colegas de escola e finalmente decidiram não mais sair de casa, Eilif, o mais determinado, afirmando:

– Se não gostam de meu pai, também não gostam da gente!

Morten Kiil, o sogro, aparecera mais uma vez e discutira com Thomas. Ao sair, prometeu nunca mais voltar. Apesar disso e da insistência do médico em não assinar artigo algum que isentasse seu curtume da responsabilidade pela poluição das águas utilizadas pelo balneário, volta e meia enviava um dos empregados para saber se a filha precisava de alguma coisa.

Petra em momento algum afastou-se do pai, colocando-se intransigentemente em sua defesa, fosse onde fosse e contra quem fosse. Protegia-o com incansável ardor. Brigara com amigas e colegas na escola. Discutira violentamente com Hovstad quando ele a procurou, logo depois da assembleia, tentando expor seus pontos de vista.

– E o que há para se dizer? – perguntou ela. – O senhor é apenas um covarde!

Insistiu para que não a procurasse mais, e o olhar de indescritível desprezo com que o atingiu enquanto fechava a porta afastou-o de modo enfático e definitivo.

Horster era um dos poucos amigos que ainda frequentavam sua casa, e fora a ele que, ainda na assembleia, recorrera em busca da única solução que encontrara para a situação insustentável em que se encontrava: imigraria para a América.

– Para o senhor e sua família sempre haverá lugar em meu barco, doutor – garantiu, mesmo enfrentando a animosidade de muitos homens influentes da cidade, particularmente entre os donos de navios.

Thomas Stockmann olhou para as janelas através das quais a luz amarelecida e ainda fraca de um novo dia penetrava. Mais tristeza. Tinham os vidros quebrados. Como todas as outras de sua casa e pelo chão, ainda era fácil encontrar as muitas pedras atiradas por muitos moradores da cidade durante boa parte da noite.

– Guardarei cada uma dessas pedras como se fossem um tesouro, algo inacreditavelmente precioso – disse para a esposa que surgiu na porta do gabinete. – Ficarão como herança para os meninos – virou-se para ela e perguntou: – Chamou o vidraceiro?

– Mandei a empregada – informou Catarina. – Ele disse que não pode vir hoje...

Thomas sorriu tristemente.

– Nem amanhã, acredito – disse.

– Nem amanhã – Catarina lhe entregou um envelope, informando: – É do proprietário da casa...

Apanhou-o e abriu.

– Ele quer que desocupemos a casa – informou, enquanto lia as poucas palavras garatujadas com evidente pressa e descuido na folha de papel que tinha às mãos.

– Mas por quê?

– Não imagina? Está com medo, e com certeza, como o vidraceiro e outros tantos, tem medo de enfrentar os poderosos da cidade... Covardes!

– E agora?

– Ah, não importa. Muito em breve partiremos para o Novo Mundo...

– Acha que devemos ir embora assim, Thomas?

O médico mostrou uma das pedras que tinha nas mãos e disse:

– E temos outra opção?

– Mas Thomas...

– Na verdade, as pedras e minhas roupas rasgadas não me aborrecem tanto nem seriam os maiores motivos para partirmos, mas conviver com essa gente me ofendendo ou maltratando minha família... Melhor irmos embora e recomeçar noutro lugar!

– Será que as coisas serão melhores na América?

– Talvez sim, talvez não. Na verdade, tenho poucas ilusões. Em qualquer direção em que se olhe ou vá, neste mundo, as pessoas são tão violentas e intolerantes quanto aqui, suas vontades acabam atreladas às vontades dos políticos ou daqueles que, detendo o poder, manipulam como querem esse animal monstruoso e cego que é a opinião pública. Mas pelo menos podemos contar com espaços mais amplos e, com ele, uma diversidade maior de opiniões. A solidão é uma opção tentadora e alcançável onde as dimensões são tão grandiosas quanto a América. Pelo menos isso...

– Mas nossos filhos...

– O quê? Prefere que eles vivam num mundo como o nosso, onde a hipocrisia é moeda de troca e um modo de existir aceito naturalmente pela maioria? Onde, bem manipulada, a justiça serve aos propósitos e interesses dos poderosos? Onde pensar diferente é crime e a unanimidade, o refúgio seguro para os acomodados ou para aqueles que não têm mais nada a ganhar e tudo a perder?

Catarina ainda pretendia dizer mais alguma coisa, continuar argumentando, mas as palavras se perderam, sem nenhuma importância, em seus lábios, ao ver Petra entrar e avançar com passos arrastados pelo longo corredor que ligava o vestíbulo ao gabinete do marido.

– Ué, minha filha, já voltou da escola? – espantou-se.

Petra olhou para um e para outro, antes de informar:

– Fui demitida...

– A senhora Busk...

– Não a culpe, mãe – pediu Petra, retirando o casaco. – Ela não é má pessoa, mas como muitos por aqui, está sendo pressionada...

Thomas Stockmann sacudiu a cabeça, desconsolado, e resmungou:

– Incrível! Ninguém tem coragem de desafiá-los! Covardes escondendo-se sob o manto da multidão! Gentalha! Melhor partirmos de uma vez a ter que passar mais um só dia entre tais pessoas!

A figura hirsuta e corpulenta de Horster emoldurou-se na porta do gabinete atrás do médico.

– Eles mudarão de ideia mais cedo ou mais tarde, doutor – disse o marinheiro.

Thomas virou-se e, encarando-o, resmungou:

– Pois eu quero estar bem longe daqui quando tal coisa acontecer, capitão. E sabe por quê? Aí será tarde mais... quando pensa partir, meu amigo?

– É exatamente sobre isso que queria lhe falar, doutor?...

O médico e a esposa se entreolharam, apreensivos.

– O que houve? – perguntou Catarina. – Não me diga que mudou de ideia...

– Não, não é isso...

– Aconteceu alguma coisa com seu navio, capitão?

– Não é bem isso, doutor. É que eu não partirei mais...

– Ah, já sei: foi demitido, não?

– Infelizmente – admitiu Horster, infeliz, apesar do sorriso que lhe animava o rosto barbudo.

– O senhor também! – exclamou Petra, boquiaberta.

– Culpa minha, capitão – disse o médico. – Minha amizade hoje em dia só causa transtornos àqueles que...

– Não se preocupe, doutor. Logo, logo eu arranjarei emprego noutra cidade.

– Se o senhor não tivesse nos apoiado, capitão, talvez o seu patrão, o senhor Vik, não o tivesse demitido – insistiu Petra.

– Ele é como todos! – quase gritou Thomas Stockmann, aborrecido.

– Mas pertence a um partido político e, segundo ele, quem pertence a um partido não pode se dar ao luxo de tomar atitudes independentes! – Horster sorriu. – Mas não me arrependo do que fiz e, a bem da verdade, faria tudo de novo.

– É um grande amigo, capitão – apertaram-se as mãos, o médico, abatido, esforçando-se para não sucumbir àquelas lágrimas que continha com certo esforço nos olhos avermelhados.

Bateram.

Todos os olhos convergiram para a porta no fim do corredor e Petra, sem disfarçar sua preocupação, indagou:

– Quem será?

– Deve ser a opinião pública – disse Thomas Stockmann, os olhos fitos numa pedra que carregava. – Teriam vindo terminar o que começaram ontem à noite?

– À luz do dia? Eles não ousariam! – rugiu Horster.

– Com certeza – concordou o médico, marchando em largas passadas para a porta. – Os covardes geralmente preferem a cumplicidade da noite e do anonimato.

Abriu-a e deparou com Peter Stockmann.

– Ah, você não está sozinho – disse, ao ver Horster parado entre Petra e Catarina junto à porta do gabinete do médico. – Voltarei mais tarde...

– Entre, meu irmão – insistiu Thomas. – O capitão vai me esperar na sala de jantar...

– Vou acompanhá-lo – informou Catarina, juntando-se à filha e ao marinheiro, os três desaparecendo por trás de uma porta à esquerda do corredor.

Thomas afastou-se e rumou para seu gabinete, o irmão em seus calcanhares. Entraram. Fechou a porta.

– O que quer, Peter? – perguntou.

– Tenho uma carta da direção do balneário – disse o prefeito, tirando um envelope do bolso.

– Deixe em cima da mesa – Thomas Stockmann sorriu zombeteiramente e perguntou: – Estou demitido, não é mesmo?

– Infelizmente, não tivemos outra alternativa diante do ambiente que se criou...

– Acredito...

– Já pensou em sua situação, meu irmão? Sem clientes...

– Ah, também isso.

– A Associação dos Pequenos Proprietários deve circular um abaixo-assinado no qual pede aos cidadãos para se comprometerem a não chamá-lo ou se consultarem contigo de maneira alguma. Duvido que alguém se atreva a deixar de assinar...

– Tenho certeza de que ninguém deixará de assinar. Pouco importa, pois estou pensando em ir embora.

– Nada melhor poderia ser feito neste momento, Thomas. Fique fora uns seis meses e se depois de refletir bem, talvez concorde em escrever um artigo para o jornal reconhecendo seu erro...

– Sabe que jamais farei isso, não sabe, meu irmão?

Peter sacudiu a cabeça com desânimo.

– Thomas, Thomas... um pai de família não pode se dar a tais luxos, meu irmão.

– Uma consciência tranquila, livre de qualquer imundície, não é um luxo, Peter.

Peter Stockmann balançou a cabeça, concordando.

– Tem toda razão, meu irmão – disse –, e teria ainda mais se, por trás de tanta obstinação, não se escondesse algo mais...

– Do que está falando, Peter?

– Está se agarrando a esperanças inúteis...

– Daria para você ser mais claro?

– Como não? Estou falando do testamento do velho Morten Kiil.

– O que tem ele? Pelo que sei...

– O Leitão é um homem rico, muito rico, e grande parte de sua fortuna será destinada aos filhos, a sua mulher inclusive...

– Como sabe?...

Peter fingiu espanto:

– Ele nunca lhe disse?

– Muito pelo contrário. Ele vive se queixando de tudo e qualquer coisa, passando-se por pobre. Reclama inclusive um bocado dos impostos, sabia disso?

– E quem não reclama?

– Está me dizendo que Catarina herdará boa parte da fortuna dele?

– Minhas informações são as mais seguras possíveis...

Thomas sorriu.

– Ah, meu Deus, então ela e as crianças estão com o futuro assegurado. Não passarão necessidades se... eu não poderia receber notícia mais feliz!

– Não se anime tão depressa, meu irmão. Kiil pode anular o testamento...

– E por que ele faria isso? Por causa de toda essa confusão? Bobagem! O velho até andava feliz com toda a guerra entre mim e vocês...

Peter estreitou os olhos e fixou-os no médico, que caminhava ansiosamente de um lado para o outro.

– Ah, então foi isso?

Thomas parou e o encarou, intrigado.

– Isso? Isso o quê?

– Toda essa sua gloriosa batalha em prol da limpeza das águas do balneário não passou de uma trama muito bem urdida...

– Trama? Que trama? Você enlouqueceu, Peter?

– Então foi o preço que pagou para fazer parte do testamento do velho Morten Kiil? Desmoralizar ou pelo menos tentar desmoralizar as autoridades constituídas da cidade a partir da ruína de nosso balneário?

– Raios me partam, Peter, mas que criatura mais abominável é você!

– Eu?

Repentinamente a porta se abriu e Petra parou, os olhos indo de maneira repetida e nervosa de um para o outro, antes de virar-se para Thomas e informar:

– O vovô está aqui, pai...

Morten Kiil saiu detrás de um largo sorriso de inesperada satisfação, o que serviu apenas para agravar a expressão matreira do rosto de Peter Stockmann.

– Então, como estão? – perguntou o recém-chegado.

– Nos aguentando como podemos, meu sogro, nos aguentando – respondeu o médico. – A situação, como o senhor bem sabe...

– A situação não poderia estar melhor, meu genro – disse Kiil.

O prefeito achegou-se a ele, indagando:

– Ah, é? E posso saber por quê?

– Por causa disso – Kiil enfiou a mão num bolso interno do paletó muito velho que usava e exibiu um maço de documentos.

Os dois irmãos se entreolharam, surpresos.

– São ações do balneário – espantou-se Thomas.

– Exatamente – Kiil tornou a guardá-lo no bolso do paletó. – Não foi difícil consegui-las, hoje... comprei tudo o que encontrei!

– Mas meu sogro, esqueceu-se do que lhe falei acerca da situação do balneário?

– Isso pode ser rapidamente resolvido...

– Como resolvido? Aquelas águas...

– Bastará um pouco de prudência e ponderação...

– Como é que é?

– Você espalhou por aí que meu curtume é um dos responsáveis por toda aquela imundície que infectou as águas...

– E é verdade. Não só o seu, admito, mas o seu, como o maior de todos, é o principal responsável...

– Não posso admitir isso. Eu, um homem tão limpo e...

– Mas é verdade...

– Você sujou o meu bom nome, rapaz!

– Lamento, sogro...

– Não lamente. Você será o homem que irá limpá-lo.

– Eu?

O sorriso de Morten Kiil espraiou-se por todo o rosto e transformou-se numa perturbadora máscara de sarcasmo e astúcia no momento em que ele achegou-se ao médico e perguntou:

– Dá para imaginar com que dinheiro eu adquiri todas as ações do balneário?

– Não, mas isso não importa.

– Importa sim, meu genro, importa sim. Foi com o dinheiro que Catarina e as crianças herdariam, um dia, quando eu morresse.

Thomas irritou-se:

– O quê? Que loucura! O senhor não poderia...

– Não só posso como o fiz. Todo esse dinheiro de hoje em diante está investido no balneário. Sabe o que isso significa?

O médico empalideceu.

– Exatamente – prosseguiu Morten Kiil. – Agora é que realmente iremos ver até onde sua loucura poderá levá-lo, meu genro, e sabe por quê? Sempre que você abrir a boca e disser qualquer coisa sobre o lixo que infecta as águas do balneário, e mais ainda, que a sujeira vem do meu curtume, não estará me prejudicando, mas acima de tudo estará prejudicando a sua própria família.

– E depois o louco sou eu, não é mesmo? Por que não me consultou antes de torrar o seu dinheiro com essa papelada inútil?

– Nessas horas, não há tempo a perder. Se eu vejo uma boa oportunidade...

– Mas que boa oportunidade? Aquelas águas...

– Se você insistir com essa tolice de relatórios e de fontes infectadas ou seja lá que outro tipo de pataquada técnica inventar, essas ações realmente não valerão nada, e sua família...

– E agora? O que espera que eu faça?

– Mate os tais micróbios, o que mais?

– Fácil assim?

– Terá que ser. Use algum tipo de droga ou veneno. Tudo morre eventualmente. Essa porcaria não seria diferente. Já pensou em veneno de rato?

– Ora, mas que despropósito!...

– Bom, pense no assunto. Agora eu vou embora...

– Catarina... as crianças... – Thomas Stockmann ia de um lado para o outro do gabinete, os olhos arregalados, a incredulidade estampada na palidez doentia do rosto brilhante de suor. – O senhor...

– Não quer as ações? Não vai ajudá-los? Pense sobre o assunto. Você tem duas horas para se decidir. Depois disso, transfiro-as para algum asilo ou qualquer porcaria que o valha...

– Mas e quanto a Catarina?

– Pensei que já estivesse bem claro... ficará sem um tostão!

Peter Stockmann sorriu, deliciado, divertindo-se imensamente com a matreirice das palavras e das incontáveis caretas que se sucediam no rosto muito vermelho e suarento de Kiil. Melhor, apenas a perplexidade aparvalhada do irmão, que olhava desorientadamente à esquerda e à direita, a mente fervilhando de pensamentos, ideias e questionamentos frágeis e incapazes diante da muralha de determinação e astúcia do velho senhor do Vale dos Moinhos.

– Bom, amigos... – disse, atraindo a atenção de ambos – acho que os dois gostarão de ficar sozinhos para discutir tão delicado assunto.

– Peter... – o constrangimento e as dúvidas transpareciam nos gestos nervosos de Thomas. Chegou a entrever uma incipiente súplica, um angustiado pedido de ajuda em seus olhos avermelhados e sem brilho.

O prefeito o deteve com a mão e, ajeitando o boné na cabeça, disse:

– Não, não, não precisa me acompanhar. Eu conheço o caminho...

Desviou o olhar por um pálido segundo e acrescentou:

– Espero que você também encontre o seu.

Saiu.

CAPÍTULO 2

Esperou que ele chorasse. Não protestou muito quando ele insistiu em acompanhá-lo até a porta, na expectativa de ver uma lágrima que fosse escorrer de seus olhos não tão convictos e determinados.

Incertezas.

Angústia.

Pensamentos demais alfinetando-lhe a consciência.

Thomas Stockmann estava em frangalhos. Morria aos poucos no que tinha de mais importante – suas opiniões, aquela certeza até arrogante e, portanto, eivada de imperecível orgulho, que tanto irritava Peter.

Maravilhou-se ante a simples possibilidade, por mais remota que fosse, de vê-lo marchar, cabisbaixo, orgulho mortalmente ferido, de volta sobre suas próprias convicções, submeter-se mesmo que apenas para salvar a mulher e os filhos da miséria.

Velho matreiro!

Morten Kiil realmente abalara-lhe os sólidos alicerces ao comprar as ações do balneário, e nem Thomas fazia questão de o negar. Sorria enquanto os acompanhava pelo corredor que levava ao vestíbulo, muito provavelmente saboreando a própria convicção de que ainda era um dos homens mais inteligentes da cidade ou, bem mais provável, a certeza de que dobraria a resistência, a intransigência do médico, venceria onde outros tantos fracassaram tão vergonhosamente. O sorriso o abandonaria somente no momento em que, ao abrir a porta, quase se chocou com Hovstad e Aslaksen.

– O que esses dois estão fazendo aqui? – se perguntou, enquanto os via entrar, os olhos do jornalista acompanhando-o ainda por certo tempo, dardejando uma malícia perturbadora. – Não gostei...

Thomas deixou a porta entreaberta e abatido ficou vendo o sogro e o irmão se distanciar, cada um numa direção, mal cruzando os olhares. Ignorou os recém-chegados. Incomodados, os dois se olhavam e gesticulavam um para o outro, este esperando que aquele dissesse qualquer coisa.

– Devo admitir que vocês têm muita coragem – rugiu o médico, encarando-os. – Depois de tudo o que aconteceu ontem à noite...

– Nada teria acontecido se o senhor tivesse sido sincero conosco, doutor – afirmou Aslaksen.

– Como é que é?

– Ah, não se faça de desentendido, doutor – disse Hovstad. – Sabemos o que está acontecendo...

– Verdade? Então poderiam me dizer, pois eu...

– Vai dizer que não sabe?

– Sei? Sei o quê?

– Ah, por favor, doutor...

– Querem parar com esses joguinhos idiotas? Eu...

– Não precisa mais esconder, doutor.

– E posso saber o que estou escondendo?

Um sorriso cúmplice e malicioso uniu Aslaksen e Hovstad, o impressor aproximando-se de Thomas e, num sussurro, indagando:

– É verdade que o velho Kiil passou o dia inteiro comprando todas as ações do balneário que encontrou?

– Foi o que ele acabou de me contar – admitiu o médico, confuso.

– Não acha que foi um pouco imprudente da parte dele? – ajuntou Hovstad.

– Como é que é?

– Encarregar alguém tão próximo de serviço tão... tão...

– Não deveria ter se exposto desta maneira, doutor – Aslaksen fingiu preocupação, os olhos apertados, intrigantes, esquadrinhando tudo à sua volta, como se temesse estar sendo ouvido e observado por toda a cidade. – Alguém na sua posição...

– Por que não nos consultou? Nós...

Os olhos de Thomas Stockmann iam de um para o outro confusamente, a irritação crescendo à medida que, de maneira tortuosa, ia percebendo o que ambos estavam insinuando.

– Acha que fiz tudo isso e me expus desta maneira apenas para que meu sogro comprasse essas malditas ações? – espantou-se.

– E não foi? – os dois praticamente fizeram a pergunta ao mesmo tempo, Aslaksen multiplicando-se em mesuras indulgentes e conciliatórias, censurando-o: – Devia ter sido mais habilidoso, doutor!

– É – concordou Hovstad. – Nesse tipo de empreendimento, sempre é recomendável ter-se várias pessoas envolvidas. Dilui responsabilidades no caso de...

Thomas Stockmann continuou encarando-os silenciosamente enquanto ambos falavam, e, entre uma pergunta e outra, o enchiam de conselhos e ponderações. Em certo momento e muito brevemente, chegou a cogitar em esmurrá-los, enxotá-los porta afora aos socos e pontapés. Nenhuma palavra teria força suficiente para atingir criaturas tão matreiras e sem o menor vestígio de caráter. Tanto um quanto o outro eram impermeáveis a ofensas e agressões verbais de qualquer ordem ou intensidade, por mais contundentes que se mostrassem. Desistiu. Dos socos, pontapés e das palavras que ficaram deambulando por sua cabeça, mas não foram pronunciadas.

– O que desejam? – perguntou, aparentando um certo cansaço, desinteresse.

Aslaksen e Hovstad titubearam, um empurrando para o outro a oportunidade de responder àquela indagação, até que finalmente o impressor esclareceu:

– Agora que sabemos do que se trata, estamos aqui para colocar a *Voz do Povo* à sua disposição, doutor.

O médico sorriu. Desdém. Desprezo. Muitos outros sentimentos misturaram-se naquele instante em seu olhar.

– E quanto à opinião pública? Não a temem mais?

– No momento oportuno, saberemos como lidar com ela, não se preocupe – assegurou o jornalista, tranquilizador.

– Aliás, é preciso saber exatamente quando agir – acrescentou Aslaksen. – Assim que seus ataques ao balneário surtirem o efeito desejado...

– Logo que eu e meu sogro tivermos comprado todas as ações a preços baixos, não é o que quer dizer?

– O interesse científico o colocará na direção do balneário em muito pouco tempo...

– Certamente, certamente – concordou Thomas. – Por causa disso, tomaremos imediatas providências para sanar o problema – sorriu para os dois e explicou: – Escavaremos um pouco, jogando a terra dali para cá e de cá para lá. Depois reforçaremos os encanamentos o suficiente para que não custe nem uma coroa e todos acreditem que obras muito vultosas foram feitas...

– Com a *Voz do Povo* ao seu lado, ninguém ousará criticar a justeza e dinamismo de sua administração – afiançou Hovstad.

– Em países como o nosso, a imprensa é o quarto poder, doutor – entusiasmou-se Aslaksen.

– Tudo isso apenas pensando no interesse público, não? Desinteressadamente...

– Nós bem que gostaríamos que fosse assim, doutor – disse Hovstad. – Mas como o senhor bem sabe, nosso jornal atravessa um momento particularmente delicado no que concerne a finanças...

Thomas olhava de um para o outro, esforçando-se para controlar-se ou simplesmente para não rir de ambos.

– Realmente seria lamentável se, por falta de dinheiro, tão valoroso instrumento de defesa da cidadania fosse silenciado, não é mesmo? – afirmou, zombeteiro.

– Eu não diria melhor – disse Hovstad, entusiasmado.

– Dinheiro é uma coisa muito importante numa sociedade como a nossa, não é mesmo, senhores?

– Infelizmente...

– Mas também é difícil tirá-lo dos ricos...

– O senhor não imagina...

– Mas, amigos, vocês aceitariam dinheiro de um homem rico, mesmo quando o consideravam até há pouco tempo atrás um inimigo do povo?

Constrangimento. Silêncio. Muito constrangimento.

– O rancor não lhe cai bem, doutor – disse Aslaksen, apreensivo. – O senhor há de entender...

– Claro, claro... mas e se eu não lhes der dinheiro?

– Como disse, como disse?

– É, e se eu não lhes der dinheiro, a *Voz do Povo* denunciará o meu, digamos assim, *empreendimento* implacavelmente, acusando-me de desonesto como hoje me acusa de ser um inimigo do povo? Irão me perseguir? Tentarão me destruir?

– Nada mais natural, doutor – disse Hovstad. – A luta pela vida nos leva a fazer o que for necessário para sobreviver...

– Busca-se comida onde ela está, doutor – aduziu Aslaksen.

– Filosofando, Aslaksen? – os dois sorriram, satisfeitos, diante do comentário aparentemente desanuviador do médico e já se achegavam um pouco mais a ele quando Thomas Stockmann apanhou um guarda-chuva que se encontrava encostado junto à porta e, brandindo-o ameaçadoramente, trovejou: – Pois vão filosofar noutro canto, seus patifes! No esgoto, sim, no esgoto!

Hovstad empalideceu e ergueu os braços protetoramente.

– O que é isso, doutor? – gemeu, recuando.

– Fora da minha casa, os dois!

Aslaksen abaixou-se para não ser atingido, e tão pálido quanto o jornalista, tremendo incontrolavelmente, correu pelo vestíbulo, o médico em seu encalço, seguindo o jornalista, quando ele atravessou o corredor e se esforçou para buscar abrigo no gabinete.

– Por favor, doutor, eu tenho coração fraco... Não me bata! – implorou, angustiado.

Catarina entrou acompanhando Petra e Horster, os risos vencendo a expressão de espanto e incredulidade no rosto de cada um, enquanto Stockmann, sempre brandindo o guarda-chuva, perseguia aos dois numa correria desembestada e das mais absurdas em torno da mesa.

– Por favor, senhora Stockmann!... – saíram do caminho de Hovstad e Aslaksen, que cruzaram o corredor e precipitaram-se para a porta escancarada.

– O que houve? – perguntou Catarina, voltando-se para o marido. – O que aqueles dois queriam?

– Depois eu lhe conto – prometeu o médico, atirando o guarda-chuva num canto do gabinete e aboletando-se na cadeira atrás de sua mesa. Apanhou um de seus cartões de visita numa pequena caixa metálica e

nele escreveu três palavras. Ignorou as perguntas que a esposa continuava lhe fazendo e, virando-se para a filha, entregou-o a ela, pedindo:
– Tome, Petra. Pegue isso e mande entregar o mais depressa possível ao seu avô.

Ela hesitou por um instante, mas finalmente saiu.

Catarina acompanhou-a com os olhos. Ao voltar-se mais uma vez para o marido, sua confusão apenas aumentou ao encontrá-lo entregue a uma folha de papel que preenchia freneticamente com palavras, por vezes, repetindo uma ou outra vigorosamente.

– Parece que o inferno inteiro se abriu hoje e mandou suas melhores tropas para me infernizar! – disse, sem parar de escrever, os olhos fixos e perpassados de um brilho de intensa vontade e irritação. – Ah, mas agora eles terão tudo o que merecem e mais um pouco!

Catarina trocou um olhar de surpresa com o marinheiro.

– Como assim? – indagou. – Não vamos partir?

– Pareço alguém que está indo embora de sua cidade, querida? – contrapôs Thomas Stockmann.

– Não, mas...

– Ficaremos, Catarina. Essa é a minha cidade e se foi aqui que minha batalha começou, será aqui que ela terminará. E acredite: vencerei!

– Mas... mas... – balbuciou Catarina, transtornada.

– Não se preocupe. Sairemos desta casa, mas eu arranjarei outra...

– Pode ficar em minha casa, doutor – disse Horster. – Tenho muitos quartos e na maior parte do tempo estou mesmo viajando.

Thomas parou de escrever e, levantando-se, apertou vigorosamente as mãos do marinheiro.

– Obrigado, meu amigo – agradeceu. – Nada me impedirá de continuar o meu trabalho, principalmente agora que fui demitido como médico do balneário e os poderosos me tiraram quase todos os meus clientes. Tenho tempo, todo tempo do mundo.

– Ah, meu Deus, Thomas, você vai continuar com isso?

– Por favor, Catarina, nem parece que você é minha esposa? Estamos tanto tempo juntos e você ainda não me conhece? Achou mesmo que eu me deixaria vencer pela opinião de gente que não tem opinião e vive a reboque da opinião dos outros? Imaginou só por um segundo e apenas por um segundo que a maioria silenciosa, com seus medos e a sua facilidade em dizer *sim* a tudo e a todos, me calaria? Nem por um segundo!

– E enquanto luta as suas batalhas, como viveremos, Thomas?

– Economizaremos. Eu cuidarei daqueles que ainda têm coragem para enfrentar os poderosos desta cidade e ganharei o meu dinheiro de maneira decente. Os pobres, sim, os pobres, aqueles que nada têm, talvez se transformem em meus clientes e me pagarão quando e como puderem. Não precisarei nem farei concessões a esses pseudoliberais ou a qualquer inimigo dos homens livres. Não me dobrarei aos seus partidos, às suas instituições. Estarei junto das ovelhas que esses lobos famintos passam o tempo todo dominando, explorando e controlando, para alimentar e sustentar seus sonhos mais mesquinhos de segurança e prosperidade.

– Isso se os lobos não nos pegarem antes, Thomas – ponderou Catarina, indisfarçavelmente temerosa.

– Eles não terão coragem, Catarina. Não nessa cidade. Não agora que me tornei o homem mais poderoso do mundo!

Catarina e os outros se entreolham, preocupados. Morten e Eilif, o primeiro falando de brigas com outros colegas na escola, o segundo ajuntando que aquela era a principal razão de estarem voltando mais cedo da escola, entraram correndo.

– O senhor é o homem mais poderoso do mundo, pai? – perguntou Morten, intrigado. – Nossa!...

Thomas Stockmann abraçou-o demoradamente, agitando as mãos para que Catarina, Petra e o segundo filho se achegassem um pouco mais e se aninhassem naquele longo e caloroso abraço que oferecia a Morten.

– Sou – respondeu. – E sabe por quê?

– Não, por quê?

– Porque o homem mais poderoso do mundo geralmente é o que está mais só. Nada mais tem a perder e tudo pode ganhar.

FIM